wk

Helmut Lukesch

Erziehungsstile

Pädagogische und psychologische Konzepte

Verlag W. Kohlhammer
Stuttgart Berlin Köln Mainz

Stuttgart Berlin Köln Mainz
Verlagsort: Stuttgart
Umschlag: hace
Gesamtherstellung: W. Kohlhammer GmbH
Grafischer Großbetrieb Stuttgart
Printed in Germany
ISBN 3-17-002290-3

Inhalt

1. Einleitung: Anstöße zur Erziehungsstilforschung

Schlägt man in beliebigen Lehrbüchern der Pädagogischen oder der Entwicklungspsychologie nach, so findet man den moderierenden Einfluß der verschiedenartigen sozialen Interaktionen zwischen Eltern und Kindern (Th. Herrmann et al., 1968) bzw. zwischen Erziehern und Erzogenen überhaupt auf die kindliche Entwicklung als allgemein akzeptierte Selbstverständlichkeit vorausgesetzt (E. Hurlock, 1970, S. 202; H. Hetzer 1969, S. 52; R. Strang, 1967, S. 77; L. H. Stott, 1967, S. 396; H. Nickel, 1966, S. 24). In der Art und Weise, in welcher sich zuerst die primären und dann die weiteren Bezugspersonen zu einem heranwachsenden Kind verhalten, bei welchen Gelegenheiten und in welcher Weise belohnt und bestraft wird (D. A. Pemberton, D. R. Benady, 1973; M. L. Hamilton, 1972) sowie in der Art der bereitgestellten Lernumwelten und Anregungsbedingungen für ein Kind werden die wesentlichen sozialen entwicklungspsychologischen Determinanten gesehen. Dies ergibt sich schon aus der Intensität und Häufigkeit der Kontakte in der Familie oder in dem Familienersatz (I. E. Sigel, 1956, S. 248), welche aufgrund lernpsychologischer Mechanismen (A. Bandura, 1973, 1969; E. Hilgard, G. H. Bower, 1970) und der relativen Nichtfestgelegtheit des herwanwachsenden Kindes ihre besondere Wirksamkeit entfalten.

Am augenfälligsten läßt sich dieser Einfluß an dem extremen Pol des Erzieherverhaltens demonstrieren, nämlich an den Fällen der Kindesmißhandlung: die etwa von G. Biermann (1969) gesammelten und beschriebenen Fälle der Kindesmißhandlung übertreffen bisweilen die Phantasie eines Marquis de Sade, die von Biermann berichteten Auswirkungen dieser Varianten des Erzieherverhaltens reichen dementsprechend von schweren psychischen und körperlichen Schäden bis zu tödlichen Folgen.
Unterschiede im Interaktionsverhalten zwischen Erziehern und Erzogenen lassen sich aber nicht bloß in Abgrenzung zu diesen Extremen finden. Gerade in der Variationsbreite des Erzieherverhaltens, die sich innerhalb des Normalbereiches auffinden läßt (D. Höger, 1972, S. 65; Th. Herrmann, 1966 b, S. 11; L. J. Yarrow, M. S. Goodwin, 1965, S. 474) wird ein Anstoß für die differenziertere Erfassung des Erzieherverhaltens und somit für die Erziehungsstilforschung gesehen; eine Aufgabe, die bis heute noch zu keinem als verbindlich zu betrachtenden Abschluß gekommen ist: »The home remains for all practical purposes a ›little black box‹; parental attitude measures, home visits, and interviews with parents and children represent some way of obtaining estimates of its internal processes (R. Q. Bell, 1956, zit. nach P. E. Slater, 1972, S. 53).«

Die Zusammenhänge zwischen Merkmalen des elterlichen Erziehungsstils und Persönlichkeitseigenschaften von Kindern stellen nicht nur ein Thema von allgemeinwissenschaftlichem Interesse dar. Genauso wie auch die Intelligenzforschung bei Ebbinghaus oder Binet durch die Beantwortung ganz praktischer Fragen angeregt wurde, so sind auch die Anfänge der Erziehungsstilforschung durch Fragestellungen motiviert, die im Rahmen von Erziehungsberatungsstellen, psychologischer Begutachtung bei forensischen und klinischen Fällen oder psychotherapeutischer Betreuung entstanden sind: G. Laws Untersuchung (1927) wurde durch Diskussionsrunden mit Eltern angeregt; E. J. Shobens (1949) und J. C. Marks (1953) frühe Versuche der quantitativen Erfassung von elterlichen Erziehungseinstellungen sollten helfen, pathogene Determinanten bei zur Schizophrenie führenden Entwicklungen zu identifizieren; auch bei den ersten Versuchen der Erstellung von Beobachtungskategorien zur Erfassung von Eltern-Kind-Interaktionen etwa bei B. M. Bishop (1951) standen Fragen der Anpassung von Kindern im Vordergrund und keineswegs war die Erforschung elterlicher Erziehungsstile Selbstzweck. Ähnlich wie bei der Intelligenzforschung wurde durch solche Fragestellungen zwar das Interesse an einem Problemgebiet geweckt, die Probleme jedoch keiner endgültigen Lösung zugeführt. Man könnte sogar eher zu der Ansicht neigen, daß durch das vorherrschende Interesse oder auch durch die Notwendigkeit, einigermaßen wissenschaftlich abgesicherte Aussagen über anstehende Fragen praktischer Relevanz zu liefern, die Entwicklung befriedigender Modelle des Erziehungsstils hinausgezögert wurde. Für die Beantwortung konkreter und dringlicher Fragen begnügte man sich nämlich mit vorläufig konzipierten Erfassungsmethoden für ausgewählte Aspekte des Erziehungsstils, denen von einem pragmatischen Standpunkt aus ein heuristischer Wert zwar nicht abzusprechen ist, die aber aus theoretischen Gründen unbefriedigend geblieben sind, da zu grob und nicht in übergeordnete Theorien eingeordnet. So konnte beispielsweise in einigen Fällen zwar die Brauchbarkeit des PARI (Parental Attitude Research Instrument, E. S. Schaefer, R. Q. Bell, 1958), ein weit verbreitetes Fragebogenverfahren zur Erhebung elterlicher Erziehungseinstellungen, bei der Unterscheidung von extremen Erziehungseinstellungen oder bei dem Einfluß bestimmter Elterntrainingsmethoden gezeigt werden (D. K. Freedheim, W. Reichenberg-Hackett, 1959), aber W. C. Becker und R. S. Krug fragen am Ende ihres Sammelreferates über dieses Fragebogenverfahren: »The PARI is a stage-1 instrument. What about stage 2?« (1964, S. 360). Und man muß sagen, daß dieses geforderte zweite Stadium einer Konstruktion von Modellen des elterlichen Erziehungsstils und darauf basierender Erfassungsmethoden, bei welchem alle gegen das ursprüngliche Verfahren erhobenen Punkte der Kritik (S. Schludermann, E. Schludermann, 1974, 1971 b) berücksichtigt worden wären, bis heute noch aussteht.

Während in allen Untersuchungen, in denen dem Einfluß, der durch die augenfälligen Unterschiede im Verhalten von Erziehern auf die kindliche Entwicklung nachgegangen wird, von vorläufig als befriedigend erachteten Konzeptualisierungen der Merkmale des Erziehungsstils oder der Charakteristika der Interaktion zwischen Erziehern und Erzogenen ausgegangen werden mußte, stellt sich heute das Problem der verbindlichen Erfassung und Beschreibung der einzelnen Merkmale des Erzieherverhaltens um so dringlicher (D. Höger, 1972, S. 66; V. Krumm, 1970, S. 319). Da in früheren Arbeiten aber darüber geklagt wird, daß zur Beantwortung dieser Frage erstaunlich wenig Informationen und Vorschläge vorliegen (R. R. Sears et al., 1957, S. 8), besteht heute das Problem darin, aus der Fülle der zu diesem Themenbereich vorhandenen Arbeiten die Merkmale des Erziehungsstils zu isolieren, aus denen ein möglichst vollständiges und realistisches Bild tatsächlich ablaufender sozialer Interaktionsprozesse zusammengestellt werden kann. Wie noch zu zeigen sein wird, läßt sich die gestellte Frage, nämlich wie erziehen Eltern ihre Kinder oder wie verhalten sich Erzieher gegenüber Educanden, durch die Heranziehung von Konzepten der sozialen Interaktionsforschung, der Einstellungs- und eventuell auch der Entscheidungstheorie noch weitgehend differenzieren und der auf den ersten Blick so einheitlich geschlossene Gegenstand »Erziehungsstil« läßt sich in Variable und Variablengruppen verschiedener Beobachtbarkeit aufspalten.

Die Lösung der Aufgabe der zutreffenden deskriptiven Wiedergabe von Erziehungsstilen ist dabei heute um so dringlicher, als dem Psychologen bei klinischen und forensischen Fällen Entscheidungsbefugnisse und Mitsprachemöglichkeiten zukommen, wie sie ihm früher kaum zugestanden wurden, bzw. da der Psychologe als Experte herangezogen wird, um Hilfen in dem Bereich der nicht mehr als unverrückbar feststehenden sozialen Überlieferungen (z. B. Normen über Kindererziehung) zu geben (B. B. Whiting, 1974, S. 9). Um solche Entscheidungs- und Beratungsaufgaben aber begründet treffen zu können, müssen vorerst auch die entsprechenden theoretisch abgesicherten diagnostischen Möglichkeiten zur Verfügung stehen. Als besonders dringlich nennen dabei E. Littmann und E. Kasielke die Entwicklung von diagnostischen Methoden für die folgenden Bereiche: »die Erziehungshaltungen und -techniken der Eltern; die Reaktionen des Kindes auf diese Erziehungsformen der Eltern, besondere Eigenarten des Kindes, die ein spezielles Reagieren der Eltern erfordern; die ›Anpassungsfähigkeit‹ der Eltern sowohl an bestimmte Situationen als auch an Eigenarten des Kindes; die Anpassungsfähigkeit des Kindes an bestimmte Situationen und Erziehungsweisen der Eltern und anderer Erzieher; die Übereinstimmung bzw. Nichtübereinstimmung der Erziehungsstile verschiedener Erziehungsträger« (1970, S. 10). Erst wenn für diese Bereiche Erfassungsverfahren vorliegen, welche den üblichen

wissenschaftlichen Kriterien genügen, können Entscheidungen verantwortlich gefällt und die an vorwissenschaftlichen Kriterien und der privaten Erfahrung orientierte »Augendiagnostik« abgelöst werden.
Zusätzlich werden dadurch die Grundlagen für gezielte Veränderungsmöglichkeiten geschaffen, sei es nun in der Form der Beratung oder der Einübung spezifischer Verhaltensweisen für Eltern, Lehrer und andere Erzieher (M. Perrez et al., 1974; F. Teegen, B. Fittkau, 1972; J. S. Cullen, 1966). Obwohl die mit solchen Instrumenten zu gewinnenden Beobachtungsergebnisse nicht sofort die Möglichkeit der kontrollierten Manipulation einschließen, werden damit zumindest die Grundlagen für die Veränderung von gegebenen Sachverhalten in eine erwünschte Richtung gelegt. Es treffen sich in diesem Punkt nämlich die nach Meinung von Leontiev (in der Wiedergabe durch U. Bronfenbrenner) bestehenden Richtungen der Forschung. Leontinev sagte einmal: »It seems to me that American researchers are constantly seeking to explain how the child came to be what he is; we in the U.S.S.R. are striving to discover not how the child came to be what he ist, but how can become what he not yet is« (U. Bronfenbrenner, 1974, S. 1). Hat man einmal die grundlegenden Umweltvariablen in ihrer Konfiguration isoliert, welche gewünschte Sozialisationsergebnisse zeitigen, so stellt sich »nur mehr« das technische Problem, nämlich jene Bedingungen zu realisieren, unter denen gesichert bestimmte Resultate auftreten. Beispielsweise müßte es durch gezielte Interventionstechniken möglich sein, den Teufelskreis zu unterbrechen, der darin besteht, daß geprügelte Kinder wieder zu prügelnden Eltern werden (G. Biermann, 1969, S. 131). »In effect, the restrictive father, acting upon the residues of his own childhood anxieties, is revenging himself upon the wrong generation. This cycle of personality transmission is thus self-perpetuating but self-defeating« (J. Block, 1955, S. 47). Allerdings liegen Programme zur Erzielung bestimmter Effekte bei weitem noch nicht für alle gewünschten Bereiche vor: »If programs designed to change behaviors of mothers or children are to be useful and successful, more research — observational *and* experimental — is needed« (K. A. Clarke-Stewart, 1973, S. 94).
Das Wort »Erziehungsstil« selbst, das im Laufe der weiteren Diskussion oftmals verwendet werden wird, soll nur als grobe Abgrenzung eines Problembereiches — nämlich der Erforschung der Prozesse und Vorgänge zwischen Erziehern und Erzogenen sowohl auf kognitiven als auch auf verhaltensmäßigen Ebenen — angesehen werden; unreflektierte Sachentscheidungen sollen mit dieser Wortwahl nicht impliziert sein. So lassen sich nicht alle Bedeutungen, die durch die Worte »Erziehung« und »Stil« anklingen, unter dem Namen »Erziehungsstilforschung« subsumieren: etwa kann damit nicht gemeint sein, daß das soziale Interaktionsgeschehen zwischen Erziehern und Erzogenen durch einheitliche Merkmale, wie durch die Bedeutungskomponente

»Stil« nahegelegt wird, zu charakterisieren sei. Auch die Intentionalität des Verhaltens von Erzieherpersonen, die mit dem Wort »Erziehung« anklingt, soll nicht behauptet werden. Letztlich ist damit auch nicht eine Beschränkung auf typologisch orientierte Verhaltenskonzepte gemeint (R. Tausch, A. Tausch, 1971, S. 171). Eventuell hätte man, um diesem Mißverständnis aus dem Wege zu gehen, eine andere Wortmarke für diesen Gegenstandsbereich wählen sollen; aber das Wort »Erziehungsstil« hat sich bereits eingebürgert und dient als Sammeltopfbezeichnung für die vielfältigen Untersuchungen, die unter »Erziehungseinstellungen«, »perzipierter Erziehungsstil«, »Erzieherverhalten«, »Eltern-Kind-Beziehungen« u. v. a. m. veröffentlicht werden. Auch die von R. Tausch in einem Titel gewählte Bezeichnung »soziale Interaktion« (1966, S. 188) könnte zur Abgrenzung dieses Problembereiches herangezogen werden, nur erscheint im Moment die Bezeichnung »Erziehungsstil« für die Beschränkung auf Interaktionsprozesse, wie sie zwischen Erziehern und Erzogenen stattfinden, zuzüglich der bei diesen Personengruppen vorfindbaren Einstellungen markanter zu sein und daher für eine vorläufige Orientierung besser geeignet.

2. »Erziehungsstil« im Spiegel von Definitionsversuchen

Eine Möglichkeit, um sich in einem Problemgebiet einen ersten Überblick zu verschaffen, und um dieses Gebiet eventuell auch zu strukturieren, kann in der Zusammenstellung und kritischen Sichtung der Verwendungsweisen der in diesem Gebiet von den verschiedenen Autoren verwendeten Begriffen bestehen. Mit diesen begriffsanalytischen Versuchen (K.-D. Opp, 1970, S. 158 f.) soll hier aber nicht die Meinung verbunden sein, daß aufgrund der Herausarbeitung der verschiedenen Verwendungsweisen gleichgestaltiger Ausdrücke auch Sachentscheidungen — damit ist die Bewährung oder Verwerfung empirischer Hypothesen gemeint — getroffen werden können. Von manchen Vertretern der sog. geisteswissenschaftlichen Psychologie oder Pädagogik wurde und wird dies allerdings bisweilen gemacht, und zwar immer dann, wenn die von ihnen verwendete phänomenologische Methode (d. h. die Versuche der möglichst vollständigen und unvoreingenommenen Beschreibung von Phänomenen [J. M. Bochenski, 1954, S. 22 f]) nicht nur zur Hypothesengenerierung, sondern auch zur Hypothesenbestätigung eingesetzt wird. Durch begriffsanalytische Versuche kann man aber aufzeigen, daß manche definitorischen Festlegungen implizit empirische Hypothesen enthalten, über deren Zutreffen oder Nichtzutreffen auf einer syntaktischen Ebene entschieden wird. In faktischen Wissenschaften (z. B. Psychologie, Erziehungswissenschaft, Physik [M. Bunge, 1967 a, S. 24]) ist ein solches Vorgehen nicht zulässig, sondern es sind die Regeln der empirischen Bewährung von Gesetzesaussagen einzuhalten (K. R. Popper, 1971, S. 54 f.; P. Weingartner, 1971, S. 109 ff.; M. Bunge, 1967 b, S. 305 ff.)

Beispiele für Sachentscheidungen, die unreflektiert auf Definitionsebene erfolgen, lassen sich in dem Problembereich »Erziehungsstile« allerdings öfters finden: So teilt C. Caselmann die paidotropen Lehrer in solche ein, die ein »individuell psychologisches Interesse« besitzen und solche mit »generell psychologischem Interesse« (1964, S. 47 f.). Durch diese willkürliche Einteilung wird auch über die sehr überprüfenswerte und nur empirisch entscheidbare Frage geurteilt, ob es nicht auch Lehrer gäbe, die sowohl »individuell« als auch »generell psychologisch interessiert« sind; weiters werden mit dieser Festlegung auch andere Fragestellungen unmöglich gemacht, beispielsweise ob und in welchem Fundierungsverhältnis beide Interessenrichtungen zueinander stehen.

Im einzelnen werden unter dem Gesichtspunkt dieses Kapitels drei Ausgangspunkte gewählt: (1) Zuerst soll der Wortbedeutung von »Stil« nachgegangen werden, da die Alltagsbedeutungen dieses Wortes auch in den »wissenschaftlichen« Definitionen von »Erziehungsstil« bisweilen enthalten sind. Von einer ausführlichen Diskussion von Erziehungsbegriffen selbst wird abgesehen, da dies den Rahmen sprengen würde und außerdem in ausführlicher Form bereits vorliegt (W. Brezinka, 1974, S. 34 ff.). (2) Weiters wird versucht, den Problembereich der Erziehungsstilforschung durch die Besprechung damit zusammenhängender Begriffe anzugeben. Hier soll auch der Zusammenhang mit einigen Erziehungsbegriffen hergestellt werden. (3) Schließlich werden noch verschiedene Definitionsvorschläge von »Erziehungsstil« behandelt.

2.1. Wortbedeutung von »Stil«

Kurz auf die Wortbedeutung von »Stil« einzugehen, erscheint notwendig, da die Verwendungsweise von »Stil« im Zusammenhang mit Erziehung in wissenschaftlichen Aussagesystemen durch die Alltagssprache teilweise schon festgelegt ist. Durch die nicht reflektierte Übernahme von Begriffen der Alltagssprache in wissenschaftliche Aussagen wird auch die ungeprüfte Alltagserfahrung mitübernommen. Wenn aber klar herausgearbeitet werden kann, welche inhaltliche Bedeutung einzelnen Wörtern der Alltagssprache zukommt, so besteht zumindest die Chance zu entscheiden, ob auch alle diese inhaltlichen Bedeutungen mitübernommen werden sollen oder ob etwa die Alltagsbedeutung für wissenschaftliche Zwecke modifiziert werden soll oder werden muß.

Das Wort Stil leitet sich vom lat. stilus her, was soviel wie »Griffel, Stiel, Pfahl, Schreibart« bedeutet (W. Mitzka, 1955, S. 593). Die Verwendung von »Stil« in der Bedeutung eines Schreibgerätes ist im Deutschen allerdings selten zu finden, da in älteren Texten eher das Wort Griffel gebraucht wurde. Im übertragenen Sinn ist mit »Stil« eine »literarische Darstellungsweise« gemeint (J. Grimm, W. Grimm, 1960, S. 2906), d. h. »Stil« ist eine allgemeine Bezeichnung für die Art des sprachlichen Ausdrucks, vor allem für die Wortwahl und den Satzbau (W. Mitzka, 1955, S. 594; R. Eisler, 1930, S. 158). Anknüpfend an diese Verwendungsweise wird unter »Stilistik« die »geordnete Zusammenstellung aller Regeln des guten Stils oder der üblichen Art, sich schriftlich auszudrücken« (F. Sander, 1889, S. 625) verstanden. Auch die Unterscheidung der Stilistik in Stilkunde als den deskriptiven und Stillehre als den normativen Aspekt (W. Schneider, 1965, S. 478) geht von dieser Wortbedeutung aus.
Eine Erweiterung erfuhr der Terminus Stil als Bezeichnung für die »charakteristische Eigenart« (M. Stockhammer, 1967, S. 325) und »die besondere Art der schöpferischen Tätigkeit eines Menschen, insbesondere der künstlerischen« (K. W. Clauberg, W. Dubislav, 1923, S. 448). In dieser Bedeutung wird das Wort auch auf ganze Kultur- und Kunstepochen angewandt (H. Paul, W. Betz, 1966, S. 640; R. Eisler, 1930, S. 158). Mit dieser Verwendungsweise ist auch die Aussage getroffen, daß die Werke einer einzelnen Person, einer

Schule oder Epoche durch relativ einheitliche Merkmale zu kennzeichnen sind, denn »Stil« ist in dieser Bedeutung, »das einheitliche Gepräge der Kunst- und Kulturerzeugnisse eines Zeitalters, der Werke eines Meisters oder einer Gruppe, Richtung, Schule« (J. Hoffmeister, 1955, S. 580). Eine zusätzliche Bedeutungserweiterung ergibt sich, wenn »Stil« auf »die halb bewußt, halb unbewußt geprägte, alle Ausdrucksweisen und Lebensgewohnheiten durchziehende Form des persönlichen Lebens eines Menschen oder einer Menschengruppe (Lebensstil)« angewendet wird (a.a.O., S. 580).
Hervorgehoben muß letztlich noch werden, daß das Wort Stil auch noch mit einem Wertakzent (»stillos«, »stilvoll«, »etwas hat Stil«) versehen verwendet wird (J. Grimm, W. Grimm, 1966, S. 2930; W. Mitzka, 1955, S. 594). Damit wird »Stil« nicht nur zur deskriptiven Kennzeichnung eines Sachverhaltes gebraucht, sondern die — eventuell ästhetische — Komponente dieses Sachverhaltes wird als etwas Wertvolles hervorgehoben.

Für die weitere Diskussion von Erziehungsstildefinitionen sind zwei Punkte der Alltagsbedeutung von »Stil« wichtig: (1) die Bedeutung, daß »Stil« gewisse Gemeinsamkeiten, durchgehende Kennzeichnungen usw. meint und (2) die normative Bedeutung, die dem Wort Stil beigemessen wird. Beide Verwendungsweisen führen nämlich im Kontext empirischer Aussagen zu irrigen Konsequenzen.

2.2. Erziehungsstil und verwandte Begriffe

Psychologie, Soziologie und Pädagogik beschäftigen sich teilweise mit identischen Problembereichen. Man könnte nun die vermutlich ziemlich unfruchtbare Frage aufwerfen, wodurch sich diese Wissenschaften in der Art der Problembehandlung wesentlich unterscheiden bzw. was nun eine »eigentlich« soziologische, psychologische oder pädagogische Fragestellung sei. Allerdings werden von diesen Wissenschaften bisweilen dieselben Probleme behandelt, ohne daß auf die Ergebnisse und Problemlösungsversuche in den benachbarten Wissenschaften Bezug genommen wird. Darauf ist es dann auch zurückzuführen, wenn jeweils unterschiedliche Ausdrücke für die gleichen Sachverhalte und Phänomene von den Vertretern dieser Wissenschaften verwendet werden. In diesem Kapitel sollen verschiedene in den wissenschaftlichen Sprachgebrauch eingebürgerte Begriffe auf den möglichen Zusammenhang mit der Erziehungsstilforschung hin untersucht werden. Die Schwierigkeit, die sich bei einem solchen Unternehmen ergibt, besteht darin, daß es auch innerhalb einer Disziplin kaum ein Wort gibt, das nicht von verschiedenen Autoren mit einer unterschiedlichen Bedeutung verwendet würde; alles in allem ein Hinweis auf den nicht sehr hohen Stand der Verhaltenswissenschaften.

2.2.1. Erziehungsstil und Erziehungsbegriffe

Es gibt wohl kaum ein Wort, das in so verschiedenen Bedeutungen verwendet wird, wie der Terminus Erziehung. Nach den Bedeutungen, die mit dem Wort Erziehung verbunden sind, unterscheidet W. Brezinka (1974, S. 34 ff.) Prozeß- und Produkt-Begriffe der Erziehung, Absichts- und Wirkungs-Begriffe, deskriptive und präskriptiv-programmatische Erziehungsbegriffe und schließlich Geschehens- und Handlungsbegriffe der Erziehung. Von der Vielzahl der Bedeutungsvarianten des Wortes Erziehung werden nur Beispiele für Geschehens- und Handlungsbegriffe herausgegriffen, um mit der Besprechung dieser den Problemkreis der Erziehungsstilforschung aufzuzeigen.

Die extremste Ausdehnung des Erziehungsbegriffes findet man in der von W. Brezinka (1974, S. 66) als »universalen Geschehens-Begriff« bezeichneten Verwendungsweise dieses Ausdrucks. Als Beispiel dafür führt er die Definition von F. Schneider an, der meint: »Der weitere Erziehungsbegriff ... umfaßt (nicht nur zwischenmenschliche Einflüsse, sondern) auch die gesamten nicht-personalen Einflüsse der sachlichen Umwelt, der Landschaft, des Klimas, des Raumes usw. in sich (1953, S. 14).« Hier werden alle denkbaren Veränderungen menschlicher Reaktionen und Reaktionsbereitschaften durch alle möglichen Faktoren mit dem Ausdruck Erziehung bezeichnet. Es ist dabei gleich, ob eine Verhaltensänderung eines Kindes auf eine besondere Belohnung eines Verhaltens durch die Eltern oder auf einen Beinbruch durch Einwirkung »nicht-personaler« Art zurückzuführen ist, immer wird im Sinne des weiten Erziehungsbegriffes »erzogen«. In der Erziehungsstilforschung wird aber nicht von der Summe dieser hypothetisch möglichen Einflüsse auf das menschliche Verhalten ausgegangen, sondern nur von einer Teilmenge davon. Man untersucht beispielsweise den Zusammenhang von elterlichen Wertvorstellungen mit bestimmten Merkmalen der Kinder (W. H. Sewell, V. P. Shaw, 1968) oder man versucht Kennzeichen der Eltern-Kind-Interaktion herauszuarbeiten (H. Lytton, 1971; L. J. Yarrow et al., 1971; R. Q. Bell, 1964; R. E. Schulman et al., 1962) usw. Die Einflußgrößen, die von der Erziehungsstilforschung berücksichtigt werden, decken sich damit nicht mit den von F. Schneider als Erziehung bezeichneten Einflußfaktoren auf die kindliche Entwicklung.
Eine erste Begrenzung dieser Einflußmöglichkeiten ist mit dem, was der »soziale Geschehensbegriff der Erziehung« (W. Brezinka, 1974, S. 67) meint, vorgenommen worden. Als Beispiel für diese Verwendungsweise des Wortes Erziehung nennt Brezinka die Definition von E. Krieck, der darunter »die formende Wechselwirkung von Mensch zu Mensch, jede Art geistiger Wirkung, welche Werden, Gestaltung und Formung hervorruft, wo immer sie herstamme« versteht (1922, S. 47). Hier erfolgt also eine Beschränkung der denkbaren Einflußmöglichkeiten, die Erziehung genannt werden, auf zwischenmenschliche Wechselwirkungen. Diese Beschränkung entspricht in etwa dem Bereich, der von der Erziehungsstilforschung genauer untersucht wird. Die Formulierung Kriecks erweist sich dabei aber weniger als strenge Definition, welche eine grundlegende Bedeutung für eine Disziplin hat, sondern als eine grobe Bereichsangabe, die einen Problemkreis abstecken hilft. Problem-

lösungen selbst sind in einer solchen vagen Bereichsangabe nicht enthalten.

In diesen beiden Verwendungsweisen des Wortes Erziehung wird davon ausgegangen, daß Erziehung ein Geschehen ist, das durch bestimmte Faktoren ausgelöst wird und irgendwelche Veränderungen in den Personen hervorruft, die unter dem Einfluß dieser Faktoren stehen. Man kann darüber diskutieren, ob diese Festlegung sehr glücklich getroffen ist bzw. ob diese Festlegungen mit dem allgemeinen Sprachgebrauch korrespondieren. Es ist durchaus denkbar, daß mit anderen Wörtern — und dies ist Brezinkas Meinung (a. a. O., S. 69) — die angezielten Bedeutungen unmißverständlicher wiedergegeben würden. Der universale Geschehens-Begriff der Erziehung stimmt m. E. eher mit einem weiten Lernbegriff überein (E. R. Hilgard, G. H. Bower, 1970, S. 16); der soziale Geschehens-Begriff der Erziehung entspricht dem, was allgemein und weniger irreführend mit sozialer Interaktion bezeichnet wird (M. Argyle, 1972).

Im Gegensatz zu Geschehensbegriffen von Erziehung stehen Handlungsbegriffe. Diese sind dadurch gekennzeichnet, daß das Wort Erziehung nur für bewußt gesetzte Handlungen eines Erziehers einem Educanden gegenüber gebraucht wird und nicht für irgendeinen Vorgang oder irgendwelche andere Faktoren, welche Verhaltens- und eventuell Dispositionsveränderungen in einem Menschen hervorrufen. Die schärfste Fassung eines solchen zweckrationalen Handlungsbegriffes von Erziehung ist in der Definition W. Brezinkas zu sehen, der sagt: »Unter Erziehung werden Soziale Handlungen verstanden, durch die Menschen versuchen, das Gefüge der psychischen Dispositionen anderer Menschen in irgendeiner Hinsicht dauerhaft zu verbessern oder seine als wertvoll beurteilten Komponenten zu erhalten« (1974, S. 95). Vergleicht man diese Bedeutungsfestlegung für das Wort Erziehung mit dem, was in der Erziehungsstilforschung betrieben wird, so muß man feststellen, daß ein Großteil dessen, was hier untersucht wird, nicht unter diesen Erziehungsbegriff fällt. Dies vor allem, da in der Erziehungsstilforschung nicht nur die Handlungen von Erziehern gegenüber Educanden untersucht werden, welche durch zweckrationale Erwägungen motiviert sind. Es werden vielmehr irgendwelche interpersonellen Interaktionen und Interaktionsmuster zwischen Eltern und Kindern untersucht, ohne dabei zu fragen, welches die subjektiven Motive für gerade diese Handlungen waren.

Will man die Untersuchungen, die unter dem Sammeltopfbegriff »Erziehungsstilforschung« zusammengefaßt werden, mit dem, was in diesem Erziehungsbegriff gemeint ist, in Übereinstimmung bringen, so müßte man sich auf die Untersuchung von bewußt gesetzten Erziehungszielen (siehe 6. 2.), sowie auf bewußt für wahr (d. h. wissenschaftlich bewährt) gehaltener Ziel-Mittel-Relationen beschränken. Erziehungsstilforschung in diesem Sinne müßte sich demnach um die Untersuchung und Auflistung der von verschiedenen Erziehern zu verschiedenen Zeiten für relevant und wirksam erachteten Erziehungs-

mittel bemühen oder etwa auch um die Ermittlung von bewußt angestrebten Erziehungszielen.
Gegen diese Beschränkung können aber verschiedene Einwände erhoben werden: (1) so erscheint es etwa als fraglich, ob durch die verschiedensten methodischen Hilfsmittel überhaupt die »wahren« Motive elterlichen oder erzieherischen Handelns ermittelt werden können, (2) alle Verhaltensweisen, mit denen nicht versucht wird, andere zu »verbessern«, müßten aus der Untersuchung ausgeklammert werden und schließlich (3) kann nicht als gegeben vorausgesetzt werden, daß die Auskünfte von Erziehern über die Beweggründe ihres Handelns und der von ihnen vertretenen normativen Überzeugungen in einer systematischen Relation zu ihrem tatsächlichen Erzieherverhalten stehen.
Allerdings gibt es aus diesem Dilemma auch einen einfachen Ausweg, und zwar indem man zugibt, daß mit Erziehung in dem Wort Erziehungsstil nicht dasselbe gemeint ist wie in dem zweckrationalen Erziehungsbegriff Brezinkas, und daß man daher — um Unklarheiten zu vermeiden — für die Untersuchungen, die bisher unter der Bezeichnung Erziehungsstilforschung gelaufen sind, einen anderen Sammelbegriff sucht. Als solcher würde sich etwa »soziale Interaktionsforschung« anbieten; eventuell müßte man noch näher spezifizieren, zwischen welchen Personen solche Interaktionen ablaufen müssen, um in den Bereich der Erziehungsstilforschung zu fallen. So ist es auch durchaus üblich, daß Arbeiten zu Erziehungsstilen unter den Bezeichnungen »parent-child-interaction« (R. Q. Bell, 1964; D. Pease, G. R. Hawkes, 1960), »mother-infant interaction« (L. J. Yarrow et al., 1965; H. A. Moss, 1965), »child-parent interaction« (R. Q. Bell, 1960; M. Marshak, 1960) oder »parent behavior« (R. E. Schulman et al., 1962) und »mother behavior« (M. Zunich, 1962, 1961) angeboten werden.

Um dem genannten zweckrationalen Handlungsbegriff von Erziehung gerecht zu werden, muß er aber in dem Rahmen einer technologisch sich verstehenden Erziehungswissenschaft gesehen werden, deren zentrales Anliegen es ist, »die Bedingungen für die Erreichung von Erziehungszielen zu erforschen« (W. Brezinka, 1972, S. 31). Erziehung ist damit herausgehoben aus dem Bereich der Prozesse, die mehr oder minder unklar und unreflektiert Verhaltens- und evtl. Dispositionsänderungen hervorrufen, indem der Begriff zur Bezeichnung von bewußt gesteuerten Prozessen zur Verhaltensänderung oder -aufrechterhaltung beschränkt wird. Dieser Erziehungsbegriff dient damit aber auch als programmatische Forderung, die bei Verhaltensänderungen ablaufenden Prozesse genau zu beschreiben und sie über Kenntnis der sie im wesentlich bedingenden Variablen manipulierbar zu machen. Mit dem genannten Erziehungsbegriff hat man damit ein Raster, solche bewußt gesteuerten Vorgänge von anderen, nicht geplanten Einflußnahmen zu unterscheiden. Er ist damit nur ein klassifikatorischer Begriff, der zwar zur Angabe eines Problembereiches dient, von dem eine Wissenschaft (z. B. Erziehungswissenschaft) oder ein Teil einer Wissenschaft (z. B. Pädagogik) handelt, der aber selbst noch keine Sachaussagen oder Wirklichkeitserkenntnis enthält.

2.2.2. Erziehungsstil, Lernen, Enkulturation und Sozialisierung

Mit dem in der Psychologie üblichen Lernbegriff wird versucht, eine Sammelbezeichnung für einen Prozeß zu geben, der den meisten Verhaltensänderungen zugrundeliegend gedacht wird. Dieser Prozeß selbst ist nicht direkt beobachtbar, sondern nur die Verhaltensänderungen; das Lernen als intraorganismischer Prozeß ist also nicht erfaßbar, sondern wird aus den gezeigten Verhaltensänderungen erschlossen. Lernen wird daher als »intervenierende Variable« (K. Maccorquodale, P. E. Meehl, 1948) oder — falls für diesen Prozeß noch zusätzliche Indikatoren, beispielsweise physiologischer Art, vorhanden sind — als »hypothetisches Konstrukt« (M. Bunge, 1967a, S. 93 f.) bezeichnet. Ein Beispiel für diesen sehr weiten Lernbegriff ist die Definition von E. R. Hilgard und G. H. Bower, die sagen:

»Lernen ist der Vorgang, durch den eine Aktivität im Gefolge von Reaktionen des Organismus auf eine Umweltsituation entsteht oder verändert wird. Dies gilt jedoch nur, wenn sich die Art der Aktivitätsveränderung nicht auf der Grundlage angeborener Reaktionstendenzen, von Reifung oder von zeitweiligen organismischen Zuständen (z. B. Ermüdung, Drogen usw.) erklären läßt« (1970, S. 16).

In der Erziehungsstilforschung werden von den genannten Umweltsituationen eines Organismus (Kind, Schüler, Educand) eine Teilmenge herausgegriffen und genauer untersucht, und zwar diejenigen, in denen Erzieher (Eltern, Lehrer, Vorgesetzte) direkt oder indirekt eine Rolle spielen. Ein Beispiel für Reizkonstellationen, in der Erzieher direkt eine Rolle spielen, sind alle Situationen, in denen Erzieher in Interaktion mit Kindern stehen; ein Beispiel für eine Reizkonstellation, in denen sie indirekt von Bedeutung sind, kann die Beeinflussung einer Handlung eines Kindes aufgrund elternbezogener kognitiver Schemata (z. B. Strafangst) sein. Die Untersuchung dieser und gerade dieser Umweltbedingungen geht implizit von der Meinung aus, daß die Merkmale solcher Umweltsituationen besonders wichtige Lernbedingungen darstellen, d. h. einen wesentlichen Beitrag für die Variation intra- und interindividuellen Verhaltens leisten können. Die von der Erziehungsstilforschung untersuchten Stimulusqualitäten von Umweltsituationen sind dabei nicht nur äußerlich zu beobachtende Verhaltensmerkmale von Erziehern (z. B. Erziehungspraktiken) und Erzogenen und deren Zusammenhänge, sondern auch kind- und elternbezogene kognitive Schemata (z. B. Erziehungsziele, Elternwahrnehmungen).

Der Lernbegriff ist ohne inhaltlichen Bezug (die gegebene Definition ist sowohl zur Beschreibung des Lernens von einem Gedicht, der Bildung von Begriffen bei Kleinkindern oder für das Entstehen eines Ticks geeignet), hingegen ist mit den Begriffen Enkulturation und Sozialisierung das Lernen spezifischer Inhalte gemeint. »Während mit dem Begriff ›Enkulturation‹ auf das Lernen *aller* kultureller Inhalte angespielt wird, bezeichnet Sozialisierung das Lernen einer *besonderen Klasse* kultureller Inhalte: das Lernen der moralischen Ordnung einer Gesellschaft« (H. Fend, 1972, S. 48). In den in Familien oder anderen Institutionen (Schule, Heim) herrschenden Erziehungsstilen können nun wieder wesentliche Determinanten für das Lernen dieser Inhalte gesehen werden. Daher könnte man in der Untersuchung von Erziehungsstilen einen Teilbereich der sogenannten Sozialisationsforschung sehen.

2.3. Definitionsvorschläge

Definitionen im Bereich von Wissenschaften können eigentlich nicht unabhängig von den Theorien besprochen werden, in deren Rahmen sie verwendet werden. Dies gilt in einem strengen Sinn aber nur für solche Theorien, die hinreichend genau formuliert und formalisiert sind; in solchen Theorien kann auch eindeutig zwischen Grundbegriffen (Primitivbegriffen), Axiomen oder Definitionen und abgeleiteten Theoremen oder Hypothesen unterschieden werden (M. Bunge, 1967a, S. 401). Theorien dieser Art sind in dem untersuchten Gegenstandsbereich »Erziehungsstile« aber nicht anzutreffen. Die hier zusammengestellten Definitionen sind also nicht Sätze, welche an der Basis einer Wissenschaft — »Basis« nicht verstanden als die Summe der Hier-und-Jetzt-Aussagen (Basissätze), auf welche sich eine empirische Wissenschaft stützt (K. Popper, 1971, S. 20; P. Weingartner, 1971, S. 77), sondern als »Kernstück« einer Theorie (Primitivbegriffe, Axiome, Definitionen) — oder unter den Prämissen einer Theorie anzutreffen sind; vielmehr stellen diese Definitionen Angaben eines Problembereiches dar, mit dem man sich beschäftigen will; sind Explikationsversuch dessen, worüber man reden möchte; oder Ergebnis phänomenologischer Deskription im Sinne von Einigung auf einen bestimmten Sprachgebrauch (K. Holzkamp, 1964, S. 42).

2.3.1. »Erziehungsstil« als Bezeichnung für deskriptive Sachverhalte

In diesem Punkt sind einige Definitionen zusammengestellt, welche den Terminus Erziehungsstil als Beschreibungsmittel zur Kennzeichnung von Erziehungseinstellungen, -verhaltensweisen und -zielen verwenden. Eine solche Intention ist zwar schon bei Spranger zu konstatieren, der Erziehungsstile als »*Grundmöglichkeiten* des pädagogischen Vorgehens« bezeichnet (1964, S. 94); leider mischen sich in seine Begriffsbestimmung wertende Aussagen ein, deren Widersprüchlichkeiten erst später nachgegangen werden soll (siehe 3.2.2.).

Diese deskriptive Bedeutung meint aber beispielsweise J. Dolch, wenn er sagt:
»Erziehungsstil ist der gemeinsame, charakteristische Grundzug, die besondere Ausprägung des erzieherischen Verhaltens und Handelns eines Einzelerziehers oder einer Gesinnungs- oder Altersgruppe von Erziehern« (1965, S. 58 f.).
Auch die Angabe E. Webers zielt in die gleiche Richtung:
»Unter einem Erziehungs- bzw. Unterrichtsstil versteht man die charakteristische Ausprägung eines sinneinheitlichen Komplexes erziehlicher bzw. unterrichtlicher Verhaltensweisen einzelner Erzieher oder Erzieher-Gruppen« (1970, S. 61).
Schließlich sei noch J. P. Ruppert erwähnt, der sagt:
»Unter *Erziehungsstil* kann man den Ganzheitscharakter verstehen, der sowohl das Erziehungshandeln als auch das Erziehungsfeld im ganzen charakterisiert« (1966, S. 105).

Diese Definitionen knüpfen an einen wesentlichen Bestandteil der Alltagsbedeutung des Wortes Stil an, und zwar insofern als sie davon ausgehen, daß »Erziehungsstil« gewisse Gemeinsamkeiten im erzieherischen Handeln bezeichnet. Diese Gemeinsamkeiten innerhalb eines oder innerhalb mehrerer Erzieher werden mit den Bezeichnungen »gemeinsamer, charakteristischer Grundzug« (J. Dolch), »sinneinheitlicher Komplex« (E. Weber) oder »Ganzheitscharakter« (J. P. Ruppert) angezielt. Mit diesen Festlegungen ist nun auch eine wichtige Vorentscheidung getroffen; es wird nämlich als gesichert vorausgesetzt, daß es solche Gemeinsamkeiten, charakteristische Grundzüge usw. auch tatsächlich gibt und daß die inhaltlich unterschiedenen Erziehungsstile nicht nur ein eventuell auf empirisch aufweisbares Erziehungshandeln anwendbares Hilfsgerüst darstellen.
Welche Erziehungsstile inhaltlich voneinander zu unterscheiden und voneinander abzugrenzen sind, ist damit zwar noch nicht gesagt, aber doch wird durch diese Art der Definition nahegelegt, daß Erziehungsstile ein Konstrukt in der Art von Persönlichkeitsmerkmalen oder -eigenschaften des Erziehers darstellen. Deutlich ausgesprochen wird dies in der Definition von E. Littmann und E. Kasielke, die meinen:

»Erziehungsstile sollten also als einheitlich, deskriptiv unterscheidbare Grundformen erzieherischen Verhaltens aufgefaßt werden, deren wesentliches Kennzeichen eine intraindividuelle Konstanz darstellt, die die Grundlage der Voraussagbarkeit erzieherischen Verhaltens bilden« (1970, S. 11).

Die Kritik am üblichen Eigenschaftsbegriff in der Persönlichkeitspsychologie (Th. Herrmann, 1973; E. Roth, 1969; C. F. Graumann, 1960; H. Thomae, 1960) legt nahe, daß die mit einem solchen Begriff verbundenen Merkmale der Eigenschaften wie Konsistenz (gleiches Verhalten in vergleichbaren Situationen), Generalität (gleiche Verhaltensgrundzüge in verschiedenen Situationen) und Universalität (Vergleichbarkeit aller hinsichtlich herausgehobener inhaltlicher Merkmale) nicht durchgängig nachzuweisen seien. Ruppert fordert aber gerade diese Kennzeichen für Erziehungsstile, wenn er nur dem Erziehungshandeln Stil zuschreibt, wenn »sich Sinngebung, Einstellung und Verhalten nicht widersprechen« (a. a. O., S. 106). Damit werden definitorisch solche Tatsachen auszuschalten versucht (C. Minton et al., 1971), daß z. B. ein Vater sehr autoritär seinem Sohn, sehr nachgiebig aber seiner Tochter gegenüber sein kann (Variation des Erziehungsstils in Abhängigkeit vom Geschlecht der Kinder) oder daß eine Mutter zwar verbal einen strengen Erziehungsstil präferiert, in ihrem Verhalten aber selbst keine Forderungen ihren Kindern gegenüber durchsetzt (Diskrepanz zwischen Einstellung und Verhalten). Konsistenz, Generalität und Universalität sind daher nicht postulatorisch zu fordern, da man dadurch die Möglichkeiten empirischer Ergebnisse fälschlicherweise präjudiziert. Die Konsequenz solcher Festlegungen ist, daß solcherart definierte Erziehungsstile in der Realität vielleicht nie aufzufinden sind, sondern höchstens in pseudoliterarischen Erörterungen, die allerdings bisweilen auch unter der Bezeichnung der Wissenschaftlichkeit angeboten werden.

Definitionen, in denen solche Vorentscheidungen nicht getroffen werden, stammen von W. J. Schraml (»Erziehungsstile sind die Formen der Einwirkung der Erwachsenengeneration auf die Heranwachsenden, die Kinder und Jugendlichen einer Gesellschaft.« 1972, S. 103) oder von K. Eyferth. Dieser sagt:

»Als Erziehungsstil wird eine Gruppe von Merkmalen des Erziehungsverhaltens bezeichnet, in welcher größere gemeinsame Merkmalsvarianz herrscht, als nach der Variabilität aller Merkmale zufällig zustandekommen könnte, und welche Gruppe die Eigenarten in diesem Stile Erzogener genauer vorauszusagen erlaubt als Einzelmerkmale« (1966, S. 23).

In der Festlegung Eyferths wird (1) der Ausdruck Erziehungsverhalten im Sinne des weiten Verhaltensbegriffes, der in der Psychologie üblich ist, verwendet. Es können damit also sowohl Erziehungspraktiken (als äußerlich feststellbare Verhaltensweisen) oder Erziehungseinstellungen und -ziele (als nur explorativ erschließbare Tatbestände) gemeint sein; auch ist diese Formulierung für alle anderen Verfeinerungen und Unterscheidungen prinzipiell offen.

Eine erste, wenn auch etwas zu weit führende Definition von »Erziehungsverhalten« geben E. Littmann und E. Kasielke, wenn sie darunter »die Gesamtheit aller Verhaltensweisen verstehen, die eine Person in bezug auf die andere äußert« (1970, S. 11). Diese Definition ist deswegen zu weitläufig, da sie eher dem entspricht, was man allgemein unter »Interaktion« versteht.

Eine schärfere Fassung des Begriffes »Erziehungsverhalten« bietet U.-D. Filipp an, wenn er sagt: »Unter Erziehungsverhalten verstehen wir die Gesamtheit aller Verhaltensweisen einer Elternperson, die mittelbar oder unmittelbar auf ein bestimmtes Kind geäußert werden (Erziehungspraktiken), sowie die Gesamtheit aller kindbezogenen kognitiven Schemata dieser Elternperson (Erziehungseinstellungen und Erziehungsziele)« (1971, S. 14).

(2) Im Unterschied zu den obigen Definitionen, in welchen definitorisch Gemeinsamkeiten als wesentliche Bestimmung für Erziehungsstil galten, wird hier nur von einer überzufälligen »größeren gemeinsamen Merkmalsvarianz« der Merkmale des Erzieherverhaltens gesprochen, womit eine leichter zu erfüllende Bedingung formuliert ist. Welche Merkmalsvergesellschaftungen bestimmte Erziehungsstile konstituieren, bleibt hier natürlich ebenfalls offen, d. h. müßte auf empirischem Wege ermittelt werden. Die Bestimmung Eyferths ist damit in diesem Punkt notwendigerweise vage. (3) Mit der Einbeziehung von Auswirkungen auf die Erzogenen in die Definition ist ein pragmatisches Signifikanzkriterium angegeben oder ein heuristisches Mittel, mit dessen Hilfe man unterscheiden kann, welche Einzelvariablen oder welche Variablenkombinationen interessant für die weitere Erforschung sein könnten. (4) Die Definition Eyferths entspricht schließlich einem Forschungsprogramm, dessen Rahmen die Erziehungsstilforschung insgesamt ist, nämlich (a) die Merkmale des Erzieherverhaltens genau aufzulisten, zu beschreiben und voneinander abzugrenzen, (b) mit den zur Verfügung stehenden Methoden diese Variablen erfaßbar zu machen, Operationalisierungsvorschläge zu erarbeiten und Meßmethoden zu bewähren, sowie (c) Auswirkungen dieser solchermaßen erfaßten Erziehungsstile festzustellen, und zwar eventuell zusätzlich in Abhängigkeit von dritten Bedingungen. Hieran könnte sich noch ein viertes Stadium anschließen, das in (d) der Herausarbeitung gezielt einsetzbarer Techniken zur Änderung bestimmter Erziehungsstile und damit zur Beeinflussung von Wirkungen auf die Erzogenen bestehen müßte. Unter diesen genannten Aspekten kann der Vorschlag Eyferths als pragmatisch fruchtbar gelten, da er auf die derzeit bestehenden mangelnden theoretischen und praktischen Kenntnisse in diesem Forschungsgebiet hinweist und als Stimulans für die Erarbeitung zukünftiger Problemlösungen angesehen werden kann.

2.3.2. »Erziehungsstil« als Bezeichnung für normative Sachverhalte

In dem obigen Punkt wurden zuerst Definitionen besprochen, in denen in Anlehnung an die Alltagssprache davon ausgegangen wurde, daß Erziehungsstile notwendigerweise gewisse Gemeinsamkeiten im erzieherischen Handeln bezeichnen. Die Diskussion dieser Definitionen ergab dabei, daß diese Festlegung einen etwas voreiligen Entscheid über nur empirisch nachzuweisende Beziehungen zwischen den unterscheidbaren Merkmalen des Erziehungsstils darstellt. Man könnte aber auch meinen, daß bereits in dieser durch die Alltagssprache nahegelegten Postulierung ein normativer Zug enthalten ist, und zwar in der Weise, daß nur das Erziehungshandeln »Stil« hat, was eben solche Gemeinsamkeiten aufzuweisen hat.

E. Weber (1973, S. 123) stellt sogar einen »postulativ-normativen Ansatz« in der Erziehungsstilforschung als prima facie gleichberechtigt mit anderen Vorgehensweisen hin. Das Vorgehen dabei ist seiner Schilderung nach, daß »man sich nicht mit der Beschreibung von pädagogischen Stilformen (begnügt), sondern fordert, daß Erziehung Stil haben soll. Dabei geht man meist von Klagen über Stilschwund und Stillosigkeit im Erziehungssektor aus« (a. a. O., S. 123). In einer für die Pädagogik typischen wie auch bedauerlichen Weise sind in diesem Bereich deskriptive und normative Aussagen miteinander vermischt (dies ist dabei ein tradierter Zustand, der bis heute verhindert hat, daß »Dichtung und Wahrheit« in der Pädagogik voneinander getrennt werden). In diesem eben kritisierten Sinne fordert etwa H. Henz: »Auch darf der positive Sinn des pädagogischen Stilbegriffs nicht zugunsten eines nur psychologisch beschreibenden verlassen werden« (1967, S. 228). Oder G. Joppich sagt: »Die Bedeutung des Stilbegriffs in der Pädagogik erschöpft sich offenbar nicht in dem, was er definitorisch sagt, sondern wird erst deutlich in dem, was er *will* oder *soll*. Er hat nicht nur einen Inhalt, sondern zugleich eine Intention, die über die bloße Bezeichnungsfunktion des Begriffs hinausgeht« (1966, S. 128). Diese Argumentationskette müßte allerdings etwas differenziert werden, um überhaupt sehen zu können, welches die Intentionen der Autoren sein könnten. Was sie nämlich vermutlich meinen, ist einfach, daß mit bestimmten Merkmalen eines (nur deskriptiv zu erfassenden) Erziehungsstils bestimmte Auswirkungen verbunden sind. Aus der Sicht von Erziehern, die bestimmte Erziehungsziele verfolgen, sind diese Auswirkungen nun erwünscht oder nicht erwünscht, je nachdem ob sie zur Erreichung der gesetzten Erziehungsziele beitragen oder nicht. Aus den Konsequenzen eines Erziehungsstils und bestimmten gesetzten Erziehungszielen, d. h. aus der Ziel-Mittel-Relation zwischen Erziehungszielen und Erziehungsstilen, könnte nun der »positive Sinn des pädagogischen Stilbegriffs« erschlossen werden. Es trägt aber nichts zur Klärung der Fragestellung bei, wenn man beide Probleme miteinander zu einem »pädagogischen Stilbegriff« vermengt, dessen Bedeutung unklar bleibt, weil seine Voraussetzungen nicht formuliert wurden.

Neben dieser Argumentation, die auf einer vielleicht moralisch zu nennenden Wertung von Erziehern aufbaut, könnte man in der Pädagogik noch eine zweite unterscheiden, welche von ästhetizierenden Momenten ihren Ausgang nimmt. So sagt ebenfalls G. Joppich: »Schließlich liegt in der Stilkategorie auch der Anspruch an den Erzieher und für den Erzieher, Form zu haben und Haltung zu zeigen« (1966, S. 129). Diese Bedeutungskomponente, die ebenfalls an der Alltagsverwendung des Wortes Stil anknüpft, auf die wissenschaftliche Verwendungsweise zu übertragen, erscheint als ein sehr fragwürdiges Unternehmen. Man müßte hier sofort fragen, warum ein Erzieher »Form und Haltung« in seinem Erzieherhandeln zeigen soll. Etwa, weil er sich selbst und sein Erziehungshandeln als ein Kunstwerk versteht und er in diesem Sinn einen ästhetischen Wert verwirklichen möchte? Oder ist in der geforderten ästhetizistischen Gleichförmigkeit von Erziehungshandlungen eine soziale Norm zu sehen, die von bestimmten Gruppen gefordert wird? Dann wären die rigiden Erzieher, die immer in der gleichen Weise reagieren und sich nicht durch verschiedene Situationsforderungen »irre machen lassen«, also diejenigen, welche diesem Ideal am nächsten kommen. Oder aber sind es doch wieder die Auswirkungen, die unter dem Gesichtspunkt bestimmter Erziehungsziele das eine (Gleichförmigkeit des Erziehungsverhaltens) als erwünscht erscheinen lassen? Dann aber erledigt sich der Punkt mit dem Hinweis auf die obige Argumentation.

3. Beiträge der Pädagogik zur systematischen Erziehungsstilforschung

Unter der Bezeichnung »Pädagogik« wird keinesfalls eine einheitliche Menge von Aussagen im Sinne einer oder mehrerer empirisch bewährter und deduktiv geschlossener Theorien (M. Bunge, 1967a, S. 381) verstanden, sondern eher ein Sammelsurium von Aussagen verschiedenster Provenienz, denen gemeinsam ist, daß sie sich in irgendeiner Weise auf Erziehung beziehen. Nach der Analyse Brezinkas sind in diesem Komplex enthalten:

»1. Behauptungen über erstrebenswerte Ziele der Erziehung.... 2. Vorschriften (Normen) für das erzieherische Handeln. ... 3. Vorschläge für bestimmte Organisationsformen der Erziehungseinrichtungen und/oder politische Forderungen danach. 4. Die Werturteile ... sind häufig in eine umfassende Lebensansicht eingefügt, in eine Lehre von der richtigen Lebensführung. ... Diese ... enthält auch eine weltanschauliche Interpretation der Lage des Menschen, eine ›Auslegung der menschlichen Bestimmung‹. 5. Beschreibende und erklärende Aussagen über den Gegenstandsbereich Erziehung, über die ›Erziehungswirklichkeit‹, über das ›Sein‹ oder die Tatbestände der Erziehung und ihre psychischen, sozialen und kulturellen Bedingungen« (1972, S. 3 f.).

Wenn es aber darum geht, Hilfsmittel zur Beschreibung und Erfassung von Erziehungsstilen in die Hand zu bekommen, dann scheint es doch ein legitimes Vorgehen zu sein, zuerst einmal nachzuschauen, welche solcher Hilfsmittel die Disziplin anzubieten hat, die sich zentral mit Erziehung beschäftigt. Damit ist zugleich der Zweck dieses Kapitels umrissen, nämlich einen Überblick über die Beschreibungsmittel (»Kategorien«) zur Erfassung von Erziehungsstilen zu geben, welche die Autoren entwickelt haben, die im Namen der Pädagogik auftreten. Natürlich kann auch hier nicht bei der bloßen kompilatorischen Aufhäufung dieser Systematisierungsversuche stehengeblieben werden (E. Weber 1973, 1970; V. Krumm, 1970; H. Henz, 1967; G. Joppich, 1966; W. Linke, 1957; H. Wollasch, 1955), sondern diese Versuche müssen ebenso einer radikalen Kritik unterzogen werden, wobei die Kriterien der Kritik allgemeine wissenschaftstheoretische Maßstäbe zu sein haben (P. Weingartner, 1971, S. 51 f.; K. R. Popper, 1971, S. 47 f.; W. Stegmüller, 1969, S. 72 f.; M. Bunge, 1967a, S. 222 f.) ergänzt durch sekundäre, aber dennoch wichtige pragmatische Aspekte (K. Holzkamp, 1970; M. Bunge, 1967a, S. 281 f.).
Obwohl E. Weber (1973, S. 120) schreibt, »etwa seit 1950 setzte hierzulande die pädagogische Stilforschung ein«, liegen die ersten systema-

tischen Versuche der Pädagogen zeitlich wesentlich früher. Man denke etwa an die Beschreibungen, die M. Frischeisen-Köhler (1921), E. Vowinkel (1923), Th. Litt (1929) oder E. Spranger (1921) geben. Weitet man den Kreis der Erziehungsstilforschung so weit aus, daß man auch alle Beschreibungen von dem oder den »idealen Erzieher(n)« mitumfaßt, so ließen sich solche Versuche vermutlich bis zu den Anfängen des systematischen Nachdenkens über Erziehung nachweisen. Auf solche Einzelschilderungen (G. Kerschensteiner, 1972; E. Spranger, 1958; K. Strunz, 1967; H. Glänzel, 1967; E. Spranger, 1950, S. 378 f.) soll hier allerdings nicht eingegangen werden, da diese von vornherein nicht darauf angelegt sind, einen möglichst vollständigen Überblick über die Erziehungswirklichkeit zu geben, sondern realitätsferne Idealisierungen einzelner oder mehrerer Persönlichkeitszüge von Erziehern darstellen, von denen mehr oder minder ungeprüft angenommen wird, daß sie optimal zur Verwirklichung bestimmter Erziehungsziele beitragen.

So etwa schreibt Georg Kerschensteiner: »Der Erzieher ist eine im geistigen Dienste der Gemeinschaft stehende Lebensform des sozialen Grundtypus, die aus reiner Neigung zum werdenden, unmündigen Menschen als einem eigenartigen zukünftigen Träger zeitloser Werte, dessen seelische Gestaltung nach Maßgabe seiner besonderen Bildsamkeit in dauernder Bestimmtheit zu beeinflussen imstande ist und in der Bestätigung dieser Neigung ihre höchste Befriedigung findet (1965, S. 46 f).« Oder Eduard Spranger meint: »Der geborene Erzieher ... bemüht sich, soweit es in seinem Vermögen liegt, zunächst die ethische Substanz in den Werdenden zu veredeln und zu stärken. Dann stattet er die ihm Anvertrauten auch mit anderen Gaben aus, aber immer in dem klaren Bewußtsein, daß sie nur von Wert sind, wenn sie auf einer verantwortungsbewußten Seele aufruhen und von ihr im sittlichen Ideal gebraucht werden« (1958, S. 110). Ironisch mutet hingegen die Zusammenfassung Diesterwegs der geforderten Tugendkataloge von Erziehern an (zit. nach H.-K. Beckmann, 1970, S. 218): »Mit Recht wünscht man dem Lehrer die Gesundheit und die Kraft eines Germanen, den Scharfsinn eines *Lessing*, das Gemüt eines *Hebel*, die Begeisterung eines *Pestalozzi*, die Wahrheit eines *Tillich*, die Beredsamkeit eines *Salzmann*, die Kenntnis eines *Leibniz*, die Weisheit eines *Sokrates* und die Liebe *Jesu Christi*.« Eine weitere Zusammenfassung solcher normativ-spekulativer Beschreibungsversuche von Erziehern und besonders von Lehrern findet sich bei G. Müller-Fohrbrodt (1972, S. 16 f.) oder bei K. W. Döring (1972, S. 41 f.).

Es ist klar, daß aus solchen schwärmerischen und schwülstigen Verherrlichungen einzelner Charakteristika von Erziehern kaum ein Instrumentarium auch nur zur vorläufigen begrifflichen Erfassung von Erziehungsvorgängen erarbeitet werden kann. Daher wird im folgenden nur auf solche Versuche eingegangen, die von vornherein nicht einen idealen Erzieher, sondern ein weiteres Spektrum realen erzieherischen Handelns zu erfassen trachten.

3.1. Die Lehrertypologie Christian Caselmanns (1949)

Ausgehend von der Überzeugung, daß für den Erfolg in Erziehung und Unterricht nicht nur psychologische Merkmale des Educanden oder Eigenarten des zu vermittelnden Stoffes von Wichtigkeit sind, sondern ebenso die Persönlichkeit des Lehrers, sucht Caselmann nach einem Hilfsmittel, eben diese Lehrerpersönlichkeit zu erfassen (1964, S. 12). Ein solches scheint ihm die Aufstellung von »Typen« zu sein, welche nach seiner Meinung »notwendige Hilfskonstruktionen (sind), mit denen die unübersehbare Fülle der Einzelerscheinungen gegliedert und so gemeistert werden kann« (1967, S. 455). Das Mittel, um Typen zu eruieren, ist nach Caselmann die persönliche (d. h. seine) Intuition (1967, S. 455), dennoch fühlt er sich Ansprüchen der Wirklichkeit verpflichtet, indem er sagt, Typen seien Stilisierungen der Wirklichkeit (1967, S. 454). Schließlich ist sein Versuch der Beschreibung von Lehrerpersönlichkeiten von anderen dadurch unterschieden, daß er mit seinen Typen primär keine Wertung verbinden möchte, sondern nur »Wesenszüge« klar herausarbeiten will (1967, S. 455).

3.1.1. Typenbildende Merkmale

Die Merkmale, die Caselmann zur beschreibenden Darstellung seiner Lehrertypen verwendet, stammen seiner Intention nach aus dem pädagogischen Bereich selbst (1964, S. 18); aus diesem Grund findet er auch andere Typologien (Jung, Spranger, Kretschmer, Pfahler) zur Erfassung von Lehrerpersönlichkeiten als nicht geeignet, da man »aus diesen Typologien unmittelbar kaum etwas darüber entnehmen (kann), wie sich der Lehrer seinem Stoff gegenüber und wie er sich dem Schüler gegenüber verhält« (1964, S. 23). Nach seiner Auffassung sind für die Schulpädagogik zwei Gesichtspunkte hauptsächlich von Wichtigkeit, einmal die »Welt« (sprich: Lehrstoff) und zum anderen das »Kind« (1967, S. 457). Danach wählt er auch sein erstes und wichtigstes typenbildendes Merkmal aus: »So lassen sich auch tatsächlich Lehrer, die mehr dem Stoff, der Wissenschaft, der Kultur zugewandt sind, von anderen, die sich mehr dem Kinde, dem Jugendlichen zuwenden, unterscheiden. Die einen nennen wir *logotrop*, dem Logos, also den Gehalten des objektiven Geistes, vor allem der Wissenschaft zugewendet, die anderen *paidotrop*, dem Zögling zugewendet« (1967, S. 457).
Das zweite und von dem ersten als relativ unabhängig gedachte typenbildende Merkmal bezieht sich auf das Ausmaß der Kontrolle, die ein Lehrer ausübt; die beiden »Kategorien« dieses Merkmals bezeichnet er mit den Worten »autoritativ« und »mitmenschlich« (1964, S. 56 f.). Schließlich ist für Caselmann auch noch ein dritter, und zwar wesent-

lich engerer, didaktischer Gesichtspunkt maßgeblich, da er die Lehrer danach einteilt, ob sie in ihrem Unterricht »wissenschaftlich-systematisch«, »künstlerisch-organisch« oder »praktisch« vorgehen.

3.1.2. Beschreibung der Lehrertypen

3.1.2.1. Der Klassifikationsgesichtspunkt »logotrop« und »paidotrop«

Den logotrop eingestellten Lehrern »geht es ... in erster Linie um Bildungsideal und Bildungsziel, um positives Wissen und Können, um die Weckung der Begeisterung für diese Kulturwerte. Sie sehen vor allem diese Welt der objektiven Gehalte; von ihnen gehen sie aus, zu ihr wollen sie die Jugend hinführen« (1967, S. 458). Dieser Lehrertyp zerfällt allerdings noch in zwei Untertypen, einmal in den »philosophisch interessierten« und dann in den »fachwissenschaftlich interessierten« Lehrer. Die ersteren charakterisiert Caselmann dadurch, daß sie »in ständigem Ringen um die Gewinnung, den Ausbau oder die Vertiefung und weitere Ausreifung ihrer Weltanschauung stehen«; schließlich wirke bei ihnen »die Geschlossenheit ihrer Person« und sie wirken »ohne großen methodischen Aufwand oft magnetisch auf die Schüler« (1967, S. 458). Die zweite Gruppe interessiert sich von Jugend an für die Gegenstände eines Faches, »hier ist ihnen alles wichtig, alles möchten sie hier wissen und erforschen«; »sie wissen meist für ihr Fach zu begeistern; man lernt bei ihnen leicht und viel«. »Um die Schüler für ihr Fach zu interessieren, scheuen sie keine Mühe, machen Lehrausflüge, helfen Sammlungen anlegen, halten freiwillige Arbeitsgemeinschaften ab u. ä.« (1967, S. 458). Den extremen Punkt in der logotropen Ausrichtung bildet der »welt- und jugendfremde Stubengelehrte, der aus einer Kontaktunfähigkeit heraus an den Schülern vorbei oder über ihre Köpfe hinweg unterrichtet und deshalb in immer größere Disziplinarschwierigkeiten verstrickt wird« (1967, S. 459).

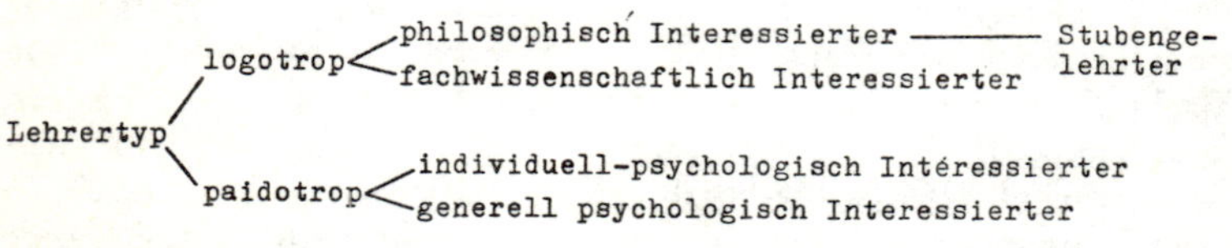

Abb. 1: Aufgliederung des ersten typenbildenden Lehrer- und Erziehermerkmals nach Caselmann (1974, S. 35 f.)

Auch die paidotropen, d. h. kindzugewandten Lehrer, zerfallen in zwei Untergruppen, nämlich in die »individuell psychologisch Interessierten« und in die »generell psychologisch Interessierten«. Beiden ist gemeinsam, daß für sie der Lehrstoff »nur Mittel zum Zweck, nämlich der Heranbildung einer reifen Menschlichkeit darstellt. Während die ersteren sich aber dem einzelnen Schüler »väterlich oder müterlich liebend« zuwenden, sind die anderen an der »Jugend an sich und ihren Problemen« interessiert; allgemeine entwicklungspsychologische Fragen stehen für sie im Vordergrund (1967, S. 459).

Nun ist auch noch der Frage nachzugehen, wie diese beiden Merkmale miteinander zusammenhängen. Nach Auffassung Caselmanns (1967, S. 457) ist es offensichtlich nicht so, daß sich beide Merkmale ausschließen, sondern Akzentuierungen der beiden Seiten des Lehrertums darstellen.
»Alles Lehrertum ist gewissermaßen januskopfig; es muß — in starker polarer Spannung — nach zwei entgegengesetzten Seiten sehen, nach der Welt (dem Stoff) und nach dem Kind« (1967, S. 457). Vorausgesetzt wird also, daß ein Minimum einer Interessensrichtung mit einem relativ stark ausgeprägten Grad der anderen Interessensrichtung gepaart ist. Ausgeschlossen sind die Lehrer und Erzieher, die sowohl sehr an der Sprache und auch am Schüler interessiert sind; ebenfalls dürften solche Lehrer nicht vorkommen, die sowohl ein philosophisches wie auch ein fachwissenschaftliches Interesse haben oder die sich etwa für einzelne Schüler wie auch für allgemeine psychologische Fragestellungen interessieren.

3.1.2.2. Der Klassifikationsgesichtspunkt »autoritativ« und »mitmenschlich«

Hier scheint es sich um ein Merkmalspaar zu handeln, das bei einem Lehrer nur alternativ ausgeprägt sein kann, entweder er ist »autoritativ« oder er ist »mitmenschlich«. Man könnte sich auch denken, daß es sich hierbei um eine Eigenschaftsdimension handelt, deren beide Pole mit Caselmanns Bezeichnungen wiederzugeben wären, auf der aber Lehrer in allen möglichen Abstufungen variieren können.
Caselmann beschreibt die Lehrer, welche diese Merkmale besitzen, wie folgt: »Die *Autoritativen* sind die Führernaturen, die alles nach ihrem Willen einrichten und leiten; bis ins einzelne bestimmen sie Unterrichtsgang und Verhalten der Schüler. Klarer Befehl und strikter Gehorsam herrscht im Unterricht der Autoritativen« (1964, S. 57). »Die *mitmenschlichen Lehrer* verzichten meist auf den Befehl, auf die unbedingte Führung, mindestens auf die sichtbare Führung bei Erziehung und Unterricht. Sie lassen der Schülerindividualität mehr Freiheit. Sie treten auch im Unterricht äußerlich stark zurück, sie organisieren ... mehr den Unterricht, als daß sie selbst den Unterrichtsstoff vermitteln (1964, S. 62).«

3.1.2.3. Der Klassifikationsgesichtspunkt »wissenschaftlich-systematisch«, »künstlerisch-organisch« und »praktisch«

Obwohl man geneigt sein könnte, in den ersten beiden »Kategorien« dieses Merkmals wieder Bezeichnungen für die Endpunkte eines Maßstabes zu sehen, der angibt, inwieweit Lehrer in ihrem Unterricht systematisch-aufbauend oder intuitiv-entwickelnd vorgehen, soll in Übereinstimmung mit der Darstellung Caselmanns vorerst nur einmal davon ausgegangen werden, daß es sich bei allen drei Kategorien um Merkmale handelt, die sich wechselseitig ausschließen. »Die *wissenschaftlich-systematisch* Veranlagten zeichnen sich durch den klaren Aufbau ihrer Stunden aus. Unter ihnen finden wir die Meister des Erklärens; logisch entwickeln sie eines aus dem anderen; sie machen keine Gedankensprünge, überlassen dem Schüler nichts zum Erraten, sondern führen ihn in lückenloser Beweisführung schrittweise zur Erkenntnis. In ihrem Unterricht kommen auch die mittelmäßig und schwächer Begabten gut mit« (1964, S. 67 f.). »... *der künstlerisch-organisch Vorgehende* hat aber starke unterrichtliche Vorzüge. Wir verstehen darunter ... solche Lehrer, denen sich, aus ihrer ganzheitlichen künstlerischen Intuition heraus, der Stoff plastisch gestaltet; sie können ihn infolge ihrer künstlerischen Sicht auch meist sehr anschaulich darstellen. Sie entwirren die verschlungenen Fäden der Wirklichkeit ... dadurch, daß sich ihnen der ungegliederte Stoff zu klaren, anschaubaren Gestalten formt. Von ihrer künstlerischen Darstellung geht ein starker Impuls auf den Schüler aus« (1967, S. 461 f.). »Die *Praktiker* sind ... diejenigen Lehrer, die für den Arbeits- und Gruppenunterricht so wohltätige organisatorische Fähigkeit haben; es zählen auch jene Lehrer zu ihnen, die für komplizierte Dinge so handfeste und einprägsame Faustregeln parat haben, Sprüchlein und Gesten, die das Gedächtnis unterstützen. Viele Lernerfolge der alten Schule sind solchen Praktikern zu verdanken« (1967, S. 462).

3.1.3. Kombination der typenbildenden Merkmale

Nach der Beschreibung der Einzelmerkmale kann man nun fragen, wie sich diese Merkmale miteinander verbinden. Geht man davon aus, daß jede Kategorie eines typenbildenden Merkmals mit jeder anderen vorkommen kann, so gäbe es nach Caselmann 24 Lehrertypen, z. B. den logotropen Lehrer fachwissenschaftlicher Interessenrichtung, der mitmenschlich ist und seinen Unterricht praktisch gestaltet usw. Allerdings scheinen alle diese möglichen Kombinationen Caselmann selbst nicht so recht plausibel zu sein, da er einige Möglichkeiten ausschaltet. Logotrope Lehrer, philosophischer Richtung sind nicht mit praktischer Unterrichtsgestaltung zu finden (1967, S. 462). Auch kommen einige Kombinationen scheinbar öfter vor, wie z. B. logotrop-autoritative Lehrer (1967, S. 460) oder paidotrop-mitmenschliche. Eine systematische Diskussion aller sich ergebenden Lehrertypen fehlt allerdings bei Caselmann, vermutlich weil er die Vielfalt der sich ergebenden Typen eines Klassifikationssystems nicht übersehen hat.

3.1.4. Diskussion der Lehrertypologie Caselmanns

3.1.4.1. Interne Widersprüche

(1) Caselmann spricht einleitend davon, daß seine Typen »*so*, wie sie geschildert werden, in der Wirklichkeit nicht anzutreffen (sind), aber sie wurzeln gleichwohl in ihr« (1967, S. 455). Andererseits bringt er in seiner ausführlicheren Darstellung (1964) eine ganze Reihe von Lehrerschilderungen (Schüleraufsätze), die er mit den Attributen »dieser eindeutig logotrope Lehrer« (1964, S. 46) oder »dieser Lehrer gehört

zu den individuell Paidotropen und Autoritativen« (1964, S. 61) versieht. Nach seiner eigenen Auffassung sind seine Lehrertypen also doch in der Wirklichkeit anzutreffen.

(2) Darüber hinaus könnte man noch fragen, welchen Erkenntniswert eine »differentielle Psychologie des Lehrers und Erziehers« besitzt, von der zugleich ausgesagt wird, daß sie mit der Wirklichkeit nicht allzu eng verbunden ist. Dieses Bekenntnis, das scheinbar in Anlehnung an Sprangers »Idealtypen« (1921, S. 119 ff.) gegeben wurde, ist nicht nur unplausibel, sondern einfach und unsinnig. Dies u. a. aus den folgenden Gründen: Caselmann will mit seiner Typologie dem Lehrer ein Mittel in die Hand geben, um sich besser zu erkennen (1967, S. 456), schließlich aber auch der vorgesetzten Behörde eine Beurteilung von Lehrern zu erlauben (1964, S. 31). Wie sollte man aber für Beurteilung von sich selbst oder von anderen durch die Schilderung von nicht-existenten Sachverhalten ein Hilfsmittel in die Hand bekommen? Entweder trifft die Typologie auf die Wirklichkeit zumindest approximativ zu, dann könnte diesen Ansprüchen eventuell Genüge geleistet werden, oder sie trifft nicht zu, dann jedoch ist die Verfolgung solcher »praktischer« Ziele von vornherein zum Scheitern verurteilt.

(3) Caselmann verwendet zur Darstellung seiner typenbildenden Merkmale verschiedene Beschreibungsebenen: einmal wird von den Interessen- oder Wertrichtungen eines Lehrers gesprochen (z. B. »logotrop-fachwissenschaftliches Interesse«), dann von einzelnen Tätigkeiten und Verhaltensmerkmalen des Lehrers (z. B. »macht häufig Lehrausflüge«), dann wieder von vermuteten Auswirkungen dieser Interessensrichtungen wie den damit (?) verbundenen Verhaltensweisen bei den Schülern (z. B. »man lernt bei ihnen [den logotrop-fachwissenschaftlich Interessierten] leicht und viel«). Dies wäre nur dann gerechtfertigt, wenn alle drei Beschreibungsebenen zueinander parallel verlaufen würden, bzw. wenn es sich um tautologische Sachverhalte handeln würde. Sollte dies nun nicht der Fall sein (wie eventuell empirisch festzustellen ist), dann ist mit dem Wechsel der Beschreibungsebene auch ein Wechsel des Einteilungskriteriums verbunden.

(4) Bei dem dritten typenbildenden Merkmal ist ein solcher Wechsel des Einteilungsgesichtspunktes auf alle Fälle festzustellen. Während nämlich das »wissenschaftlich-systematische« Vorgehen zum »künstlerisch-organischen« Vorgehen in einem polaren Gegensatz steht (1967, S. 461), d. h. es handelt sich hier um *eine* Dimension zur Beschreibung des didaktischen Vorgehens, erfaßt der Gesichtspunkt des »praktischen« Vorgehens einen ganz anderen Aspekt, der mit den beiden zuerst genannten in keiner Verbindung steht. »Praktisch« vorgehen kann man sowohl in »wissenschaftlich-systematischer« Weise wie auch in »künstlerisch-organischer«. Ein Gegensatz zu »praktisch« wäre even-

tuell ein Lehrer, der nur theoretische Darstellungen liefert, also einen Unterricht ohne Veranschaulichungen zu gestalten versucht. Auf alle Fälle können die drei von Caselmann genannten Merkmale des didaktischen Vorgehens nur dann gleichberechtigt nebeneinander stehen, wenn man den Einteilungsgesichtspunkt außer acht läßt.

(5) Von Einteilungen wird üblicherweise auch verlangt, daß sie erschöpfend zu sein haben (M. Bunge, 1967a, S. 74 f.), d. h. alle möglichen Fälle eines in Frage stehenden Individuenbereiches müssen eingeordnet werden können. Daß dies durch diese Typologie möglich ist, scheint Caselmann selbst nicht sehr wahrscheinlich, denn er sagt: »Diejenigen Lehrer, auf die keine der aufgeführten Kategorien passen will, sind eben unmögliche Lehrer, so, wenn sie z. B. weder logotrop, also weder sachlich, noch paidotrop, also auch nicht nach der Seite der Jugend interessiert sind« (1964, S. 79). Vielleicht gibt es aber auch noch andere Möglichkeiten, solche Schwierigkeiten zu lösen, indem man beispielsweise von dem Denken in »Kategorien« abgeht und Beschreibungsdimensionen angibt, auf denen Lehrer mit quantitativ variierender Merkmalsausprägung angegeben werden können. Damit ist gesagt, daß die methodischen Hilfsmittel den zu erfassenden Aspekten der Realität angepaßt werden müssen und nicht die Realität auf die ersteren »zurechtgebogen« werden sollte.

3.1.4.2. Entscheidung über Sachhypothesen

(1) Will man eine Typologie aufstellen, so ist es vorerst natürlich willkürlich, welches Merkmal man zur Typenbildung verwendet. Typologien, die eigentlich nichts anderes als ein- oder mehrdimensionale Klassifikationen darstellen, erhält man nach dem bekannten Beispiel Allports auch dann, wenn man die Menschen danach einteilt, ob sie konkave, konvexe, gerade oder gar keine Zahnbürsten verwenden (G. W. Allport, 1970, S. 16). Die Willkür und Beliebigkeit bei der Wahl eines typenbildenden Merkmals ist aber dann zu begrenzen, wenn aufgrund von bloßer Schreibtischtätigkeit Entscheidungen über Sachhypothesen getroffen werden. So ist es natürlich beliebig, Lehrer danach einzuteilen, ob sie primär paidotrop oder primär logotrop ausgerichtet sind. Die Frage aber ob es nicht etwa auch stark logotrop ausgerichtete Lehrer gibt, die ein starkes paidotropes Interesse besitzen, ist nicht mehr definitiv am Schreibtisch zu beantworten, sondern nur mit den Mitteln der empirischen Forschung. Auch wäre eine ausschließliche Klassifikation von Lehrern in entweder individuell oder generell psychologisch Interessierte nur dann korrekt, wenn gesichert feststünde, daß kein individuell interessierter Lehrer ein generell psychologisches Interesse an den Schülern hat und umgekehrt. Durch die ausschließliche Zuordnung von Lehrern in eine dieser beiden Kategorien werden

aber solche Sachfragen mitentschieden, und zwar — wie man vermuten könnte — in falscher Weise.

(2) Dasselbe gilt natürlich auch für die Kombination der einzelnen typenbildenden Merkmale. Ob bestimmte Lehrertypen (nach dem ersten Einteilungsgesichtspunkt) immer einen bestimmten Umgangsstil mit ihren Schülern bevorzugen und bestimmte didaktische Wege wählen, ist bestimmt nicht ohne die Hilfsmittel der empirischen Forschung zu beantworten. Die Aussagen, die nun über das tatsächliche Vorkommen von Lehrern bestimmter Merkmalskonfiguration getroffen wurden, sind daher nicht mehr als willkürliche Annahmen mit einem bezweifelbaren Grad an empirischer Bewährtheit und Plausibilität.

(3) Die hier angedeutete notwendige Unterscheidung zwischen Entstehungszusammenhang einer Aussage und ihre Einordnung in einen Begründungszusammenhang (K. R. Popper, 1971, S. 6 f.) spielt genauso eine wichtige Rolle bei der Frage der Auswirkungen einzelner Lehrertypen. Die privaten Intuitionen und die ganzheitlich-intuitive Schau des Autors können unter Umständen brauchbare und vielleicht auch plausible Hypothesen über einen solchen Zusammenhang liefern (K. Popper, 1971, S. 7), sie sind aber nicht zugleich ein Mittel, um diese Fragen definitiv zu entscheiden. Ob also ein logotrop-fachwissenschaftlich ausgerichteter Lehrer »die Masse der psychisch noch nicht profilierten« mitreißt und ob die »Gleichgesinnten ... eine begeisterte Jüngerschaft« bilden (C. Caselmann, 1967, S. 458), ist höchstens eine untersuchbare Frage, jedoch keine gesicherte Tatsache.

3.1.4.3. »Wertfragen«

In seiner Einleitung spricht Caselmann davon, daß die von ihm skizzierten Lehrertypen »wertfrei« dargestellt werden (1967, S. 455), da es nur darum geht, »Wesenszüge« herauszuarbeiten. Andererseits geht es ihm aber doch um Darstellung des »guten Lehrers« (1964, S. 31). Hier wird »gut« offensichtlich nicht in einem moralisch wertenden Sinn verwendet, sondern »als einen guten Lehrer bezeichnen wir nun einen solchen, der das ihm gesteckte Ziel erzieherisch und unterrichtlich erreicht und nicht nur von seinen Vorgesetzten, sondern was mindestens ebenso ausschlaggebend ist, auch von seinen Schülern und damit von deren Eltern anerkannt ist« (1964, S. 17). Wie nun Walter Zifreund (1967, S. 121) herausgearbeitet hat, steckt hinter Caselmanns Typologie auch die Überzeugung, daß alle Lehrertypen »gleich gut« oder gleich effizient in der Erreichung der geforderten Ziele seien. Aber »... eine Berufstypologie ausgerechnet für Lehrer und Erzieher (darf) nicht unwidersprochen hingenommen werden, die auch nur dahingehend *mißverstanden* werden könnte, es sei pädagogisch beliebig oder gleichwertig, als Lehrer autoritative oder mitmenschliche

Verhaltensmuster an den Tag zu legen, sich der Sache *oder* den Kindern zuzuwenden, das Verhalten der nachwachsenden Generation nach Verhaltensmustern einer zurückliegenden Epoche oder im Hinblick auf die zukünftigen Aufgaben zu prägen« (W. Zifreund, 1967, S. 121 f.). Auch hier macht es sich unglücklich bemerkbar, daß die Ergebnisse empirischer Forschung zugunsten eines willkürlich ausgedachten typologischen Schematismus übergangen werden, denn auch die Fragen der Effizienz einzelner Lehrertypen läßt sich nur anhand gesicherter empirischer Ergebnisse abschätzen.

3.1.4.4. Anwendungsaspekte

(1) Die Rechtfertigung der Typologie Caselmanns wird von ihm selbst dadurch versucht, daß er auf ihre Notwendigkeit für die Praxis hinweist (1964, S. 31). Um eine solche Typologie anwenden zu können, müssen aber auch Maßstäbe mitgeliefert werden, an denen man abschätzen kann, welcher Kategorie der einzelne Lehrer jeweils zugehört, d. h. es müssen Operationalisierungsvorschriften geliefert werden. Solches wird von Caselmann nicht geleistet. Damit sind jedoch die oben ausgesprochenen Sachfragen nicht entscheidbar und seine Typologie auch nicht anwendbar, es sei denn, daß sich jeder Lehrer selbst oder jeder Vorgesetzte seine Lehrer in das Schema einordnet, nachdem er die Schrift Caselmanns gelesen hat.
(2) Ferner kann diese Typologie als »konservierend« angesehen werden, denn sie legt nahe, daß es sich bei den Lehrertypen um »angeborene Strukturen« (1964, S. 34) handelt. »Die schlichte Behauptung, die Berufstypen des Lehrerseins seien angeboren, suggeriert im Grunde, die Bemühungen der Lehrerausbildung seien zurückzuweisen, wenn dort versucht wird, Verhaltensweisen aufzubauen, die angesichts der gesamtgesellschaftlichen Veränderungen und im Hinblick auf hieran orientierte Erziehungsziele gefordert werden müssen« (W. Zifreund, 1967, S. 123). »Eine Reduktion von Berufsanforderungen auf eine Typologie angeborener Strukturen, die einfach behauptet wird, und die Einebnung des Wandels in den Berufsanforderungen des Lehrers zu gleichwertigen Typen können daher weder als haltbare Theorie noch als vertretbare praktische Empfehlung hingenommen werden« (a.a.O., S. 124).
(3) Dasselbe Argument läßt sich hinsichtlich didaktischer Einzelmaßnahmen treffen, die auch in Entsprechung zu diesen »angeborenen Strukturen« von den Lehrern angewandt würden. »Damit verkehrt sich der diagnostisch-therapeutische Grundzug des typisierenden Verfahrens in eine Rechtfertigungslehre, die jedenfalls in einem nahegelegten Mißbrauch dazu verwendet werden kann, alle konkreten Anforderungen in der Ausbildung des jungen Lehrers, die das Einüben berufs-

relevanter Verhaltensweisen verlangen, als einen Übergriff auf die Lehrerpersönlichkeit abzuweisen« (W. Zifreund, 1967, S. 127).

3.2. Die Grundstile der Erziehung nach Eduard Spranger (1950)

Spranger möchte in seiner Analyse darlegen, daß es mehrere Wege gibt, um das oder die Ziele der Erziehung zu erreichen (dabei soll gar nicht erst diskutiert werden, was nun dieses oder diese Ziele sein könnten). Damit wendet er sich gegen die Praxis, »daß man von dem stillen Glauben ausging, es gebe nur *einen* absolut richtigen Weg zu dem vorausgesetzten Ziel« (1964, S. 93). Er möchte nämlich zeigen, daß es mehrere gleichwertige *»Grundmöglichkeiten* des pädagogischen Vorgehens« gibt (a.a.O., S. 94 f.), »Möglichkeiten der Erziehungsgestaltung, die grundsätzlich zu *allen* Zeiten offen stehen« (a.a.O., S. 95). Einem Trend seiner Zeit folgend, schildert er seine Grundstile als »Idealtypen«, die »in der Wirklichkeit nicht vorkommen«, bzw. als »reine Fälle«, die er auch mit dem Prädikat »Urphänomene« belegt (a.a.O., S. 95). Außerdem baut er seine Beschreibungen nach »polaren entgegengesetzten reinen Fällen« auf, indem er jeweils von der Schilderung zweier (polarer) Endpunkte eines Grundstils ausgeht.

3.2.1. Darstellung der Spranger'schen Grundstile

Es werden drei bzw. vier solche polar aufgebaute Erziehungsstile geschildert, und zwar der weltnahe und isolierende Stil der Erziehung, der freie und gebundene Erziehungsstil, der individualitätsbezogene und uniformierende Erziehungsstil sowie der vorgreifende und entwicklungsgetreue Erziehungsstil.

Mit dem ersten Wortpaar ist gemeint, »daß an der Wirklichkeit des reifen Kulturlebens selbst erzogen werden müsse; man kann aber auch Zurückgezogenheit fordern« (a.a.O., S. 96) oder »entweder bringt man die Jugend von früh auf unmittelbar an die wichtigen Lebensverrichtungen heran, an die Arbeit, an die Beratungen, an die Kriegführung. Oder man hält eine gewisse Schonzeit für notwendig, sei es aus Rücksicht auf die physischen Kräfte, sei es für die Bildung des Gemüts« (a.a.O., S. 97). Isolierend wird nach Spranger immer dort erzogen, wo es Schulen gibt, besonders in Klosterschulen, aber auch im Gymnasium, das er als eine »stille Insel der Bildung« (a.a.O., S. 101) bezeichnet. Als Beispiele weltnaher Erziehung nennt er Ritterakademien, die Lehrlingsausbildung oder alle die Kulturen, welche noch kein institutionalisiertes Ausbildungssystem entwickelt haben. In der Mitte liegen Lehranstalten wie das Realgymnasium, in welchem er nicht nur einen »gemischten«, sondern sogar einen »unreinen Stil« (a.a.O., S. 103) angewandt sieht. Für beide Möglichkeiten sieht er aufgrund der Wirkungen auf die in diesen Stilen Erzogenen bestimmte Vor- und Nachteile: » ... für die Ausbildung des gelehrten und künstlerischen Geistes (ist) die zurückgezogene Stille besser geeignet, für Willensqualitäten jedoch die unmittelbare Berührung mit dem Kampf des Lebens« (a.a.O., S. 100) oder »das Schwimmen kann man nur im Wasser lernen« (a.a.O., S. 104), was für das Schwimmen vermutlich sicher richtig ist.

Für die Polarität des freien und gebundenen Erziehungsstils erwägt Spranger auch die Bezeichnungen »liberaler und autoritärer Typus« (a.a.O., S. 106), da sie ihn aber zu sehr an politische Systeme erinnern, verwirft er sie wieder. Als Extremformen nennt er die »ganz autoritative« und die »laissez-faire«-Form, welche er beide ablehnt. Beinahe reine Fälle dieser Erziehungsstile sieht Spranger in der deutschen Universität und im deutschen Heeresdienst des 19. Jahrhunderts verwirklicht, aber auch in den pädagogischen Gedanken Rousseaus und Frankes. »Nahe verwandt« ist diesem Stilpaar auch »der Unterschied von individualitätsbezogener und uniformer Erziehung« (a.a.O., S. 114). Individualisierung hat nach ihm den Vorteil, daß »der Arbeitseifer beflügelt« wird, aber die »Gefahr zu frühen Spezialistentums liegt nahe; je verschiedener die Wissensbestände werden, um so weiter spaltet sich der Geist des Volkes auf (!)« (a.a.O., S. 115). Diese Polarität konstituiert allerdings keinen eigenen Stil, sondern ist nur ein Spezialfall der freien und gebundenen Erziehung.

Das Kriterium für das letzte Stilpaar, die vorgreifende und entwicklungsgetreue Erziehung, findet Spranger darin, inwieweit »Rücksichtnahme auf den leiblich-seelischen Entwicklungsrhythmus der Kinder« (a.a.O., S. 118) genommen wird. Die Parolen »alles vom Kinde aus« und »möglichst frühe geistige Reife zur Mitarbeit an der Kultur« (a.a.O., S. 118) kennzeichnen die beiden genannten Pole. Spranger selbst präferiert dabei eine »entwickelnd-nachgehende Erziehung«, welche auch »die Gefahr der Verfrühung« (a.a.O., S. 120) nicht scheut.

3.2.2. Diskussion

3.2.2.1. Interne Unstimmigkeiten

(1) Aus dem vielzitierten Satz Sprangers (E. Weber, 1973, S. 123; H. Henz, 1967, S. 224; W. Zifreund, 1967, S. 130; F. Weinert, 1966, S. 97; G. Dolch, 1965, S. 59), daß es sich bei den Erziehungsstilen um »*Grundmöglichkeiten* des pädagogischen Vorgehens handelt, zwischen denen man wählen kann, ohne daß man es von vornherein falsch macht« (1950, S. 94 f.), geht hervor, daß die von ihm unterschiedenen Erziehungsstile »gleichwertig« sind. In welchem Sinne könnten sie aber »gleichwertig« sein? Offenbar kann damit nicht nur gemeint sein, daß man einen beliebigen Erziehungsstil zu jeder Zeit verwirklichen kann (a.a.O., S. 95), denn sonst hätte der Nachsatz »ohne daß man es von vornherein falsch macht« keinen Sinn. Sicherlich bedeutet diese Aussage auch nicht, daß die Wirkungsweisen aller dieser Erziehungsstile dieselben sind, denn Spranger gibt ja selbst Beispiele für unter-

schiedliche Auswirkungen zu bedenken. Diese Stile könnten nur insofern als »gleichwertig« angesehen werden, als mit ihnen zumindest immer »erzogen« wird, was immer das auch heißen mag und welche Resultate sich auch immer aus einem solchen Prozeß oder solchem Handeln ergeben mögen. Man könnte damit zu der Interpretation kommen, daß im Sinne irgendeines »höheren Zieles« alle Resultate einzelner erzieherischer Bemühungen gleichwertig sind. Ob Spranger allerdings mit dieser, aus seiner Darstellung sich ergebenden Wertindifferenz aller Erziehungsziele einverstanden gewesen wäre, bleibt anzuzweifeln. Sollte aber damit dennoch die Meinung gleicher Wirkungen verschiedener Stile impliziert gewesen sein, so steht der Satz zu Sprangers Ausführungen selbst in Widerspruch.

(2) Aus Sprangers Aufzählung wird nicht klar, welches eigentlich das übergeordnete Prinzip seiner Darstellung sei. Auch Spranger selbst dürfte dieses Prinzip nicht herausgefunden haben, da er davon spricht, daß das letzte Stilpaar »den ersten nicht ganz gleichwertig ist« (a.a.O., S. 117) oder daß der freie und gebundene Erziehungsstil »in sehr viel größere Tiefen« hinabreicht (a.a.O., S. 106). Auch die Beziehung zwischen der Polarität »individuell-uniform« und »frei-gebunden« wird nicht deutlich gemacht (»Spezialfall«), wie Spranger überhaupt zu besprechen vergißt, in welchem Verhältnis seine Stilpaare insgesamt zueinander stehen. »Es ist schwer, einen gemeinsamen Gesichtspunkt für die Auswahl gerade dieser vier Stilpaare zu entdecken; sie liegen offenbar nicht auf gleicher Ebene« (G. Joppich, 1966, S. 135). Und da hilft es auch nichts, wenn Spranger seine Stile als »Urphänomene« bezeichnet (a.a.O., S. 95).

(3) Die Stile Sprangers stellen »Idealtypen« dar, d. h. »›reine Fälle‹ (die) in der Wirklichkeit nicht vorkommen« (a.a.O., S. 95). Er setzt hier also dieselben Gedanken an, wie in seinen »Lebensformen« (1950, S. 114). Während K. Strunz (1960, S. 208) ihn vor dem Vorwurf in Schutz nimmt, daß seine Typen nicht existierten, und zwar mit dem Argument, daß Spranger dies ja selbst auch sagt, ist hier zu fragen, ob dies auch tatsächlich der Fall sei. Offenbar existieren die »Idealtypen« (M. Weber, 1968, S. 42 f.) doch in der Realität, denn sonst könnte er nicht selbst so viele Beispiele dafür anführen (z. B. den Bauernsohn für die weltnahe Erziehung; den Studenten, der im 19. Jahrhundert ein freies Leben auf der Universität führte, usw.). »Idealtypisch« sind seine Stile jedoch insofern, als sie durch »gedankliche Isolierung« (a.a.O., S. 95) zustande kamen und nicht mit den Mitteln der empirischen Forschung bewährt wurden. Auf diese Art läßt sich sicher alles mögliche schildern, auch eine Theorie über Geister oder über Phlogiston. Aber da es sich bei dem Thema Erziehung nach den Worten Sprangers um das »schwierigste aller Gebiete« (a.a.O., S. 121) handelt, sollte man vielleicht nicht so strenge Maßstäbe an seine Ausführungen legen.

3.2.2.2. »Wertfragen«

(1) Spranger nimmt für sich in Anspruch, seine »Idealtypen« wertfrei konstruiert zu haben (W. Zifreund, 1967, S. 130); die wertfreie Konstruktion von Idealtypen ist ebenfalls ein Gedankengang, der von Max Weber übernommen worden ist (1968, S. 44). Spranger kann sich aber selbst solcher Wertungen nicht allzu lange enthalten, denn je nach den vermuteten psychischen Auswirkungen der jeweiligen Erziehungsstile und den durch den Erzieher mehr oder minder bewußt verfolgten Erziehungszielen muß der eine oder andere Erziehungsstil vorgezogen werden. So sagt Spranger selbst aufgrund psychologischer Überlegungen, daß sich bei dem Stilpaar »vorgreifend-entwicklungsgetreu« »die Waage mehr zugunsten der entwickelnd-nachgehenden Erziehung neige« (E. Spranger, a.a.O., S. 120). Bei anderen Beispielen gerät allerdings diese Art der Argumentation wieder völlig in Vergessenheit; so führt Zifreund noch folgendes Zitat an: »In diesem Stadium (erste Trotzperiode) kann der Erzieher zwischen zwei Wegen wählen: er kann entweder autoritativ durchgreifend den keimenden Willen *brechen,* oder er kann ihm seinen freien Lauf lassen, überzeugt, daß er damit etwas sehr Wertvolles schone und daß sich später alles schon ins Rechte stellen werde ... Beides hat einen guten Sinn (E. Spranger, a.a.O., S. 108)«. Hier werden wieder eindeutig psychologische Überlegungen zugunsten einer angezielten Wertindifferenz vergessen, »abgesehen davon, daß das angeführte Problem so obenhin nicht einmal als Beispiel erörtert werden kann« (W. Zifreund, a.a.O., S. 132).
(2) Die Darstellung selbst ist außerdem eine Fundgrube für nicht reflektierte soziale Wertungen, die in Form von Tatsachenbehauptungen wiedergegeben werden. Ein Beispiel dafür ist seine Beschreibung von gewissen Auswüchsen beim Heer: »Der alte Unteroffizierstypus, durch einfache Leute vertreten, war weniger geglückt; denn es wird dem jungen Mann aus dem Volke nicht leicht, wenn er Macht über andere bekommt, jene Mäßigung zu üben, durch die das Herrschen erst heilsam wird (E. Spranger, a.a.O., S. 111)«. Natürlich, nach Ansicht gewisser damaliger Kreise ist das Herrschen nur einer bestimmten Menschenklasse vorbehalten (»angeboren«) und nicht dem Mann aus dem Volke. Weitere Paradebeispiele nationalistischer Vorurteile sind bei Spranger ebenfalls zu finden, wie: »Das ist nun einmal bewußt deutscher ›Stil‹, in den man nicht beliebig viel vom amerikanischen Stil infiltrieren kann (a.a.O., S. 102)«. Man kann zwar die Sachaussagen eines Autors nicht dadurch ad absurdum führen, daß man ihm auch Stereotype und Vorurteile nachweist, denn hinter seinen Sachaussagen kann trotzdem ein harter Kern stecken. Jedenfalls ist es bedenklich, wenn das sicherlich erstrebenswerte Ziel einer wertfreien Darstellung einzelner Erziehungsstile mit Beispielen solider Vorurteile und massiver Wertungen illustriert wird.

3.2.2.3. Sachaussagen und unbestätigte Vermutungen

(1) In für pädagogische Darstellungen typischer, ja beinahe idealtypischer Weise findet man bei Spranger eine Vermischung von halben Wahrheiten und bloßen Spekulationen. Dies insofern, als Behauptungen über empirische Sachverhalte generös durch die Erfahrung und Intuition des Autors bestätigt werden; bzw. er gar nicht dazu kommt, seine Vermutungen als solche zu erkennen, sondern sie beinahe als »ewige« Wahrheiten behandelt. Dabei hilft es nichts, wenn Spranger immer die historische Relativität (a.a.O., S. 93) und die Wandelbarkeit von sozial-kulturellen Kontexten, in denen Erziehung geschieht (a.a.O., S. 115), betont. Seine Sachaussagen (z. B., daß der freie Erziehungsstil die Selbständigkeit des jungen Menschen beflügelt [a.a.O., S. 116] oder daß man auch Kenntnisse vermitteln kann, die über das Verständnis des Kindes hinausgehen, da »das Verständnis schon im späteren Leben hinterdrein kommen werde, und daß auch das seinen Segen haben werde, ganz besonders mit Bezug auf den Religionsunterricht« [a.a.O., S. 119]) gehen durchwegs von unvollständigen Prämissen aus, sowie von zumeist nicht bestätigten empirischen Vermutungen. Nun, solche Überlegungen sind vermutlich »geistlose Empirie« (a.a.O., S. 121) und nicht wert, von einem wirklich tiefen Denker mitbedacht zu werden.

(2) In Sprangers Darstellung könnte man aber zumindest den Versuch der Erarbeitung begrifflicher Kategorien erblicken, die für die Beschreibung von Erziehungsweisen anwendbar sein könnten. Dies ist allerdings nicht möglich durch die Aufzählung miteinander unverbundener Bezeichnungen, von denen er selbst sagt, »daß diese von ihm benutzten Charakteristika in unterschiedliche Tiefen der pädagogischen Strukturen führen« (G. Joppich, 1966, S. 135). Mit seinen eigenen Worten kann man abschließend dazu sagen: »Diese ganze Lehre ... wird ... als eine trostlose Ratlosigkeit erscheinen ...« (a.a.O., S. 121), und wer wollte das Urteil des Autors da in Zweifel ziehen.

3.3. Stilformen der Erziehung nach Johann Peter Ruppert (1959)

Im Gegensatz zu anderen Charakterisierungen von Erziehern geht Ruppert (1959) bei der Darstellung von Erziehungsstilen davon aus, daß das Erziehungsgeschehen in einem größeren Rahmen gesehen werden muß, in welchem beispielsweise individuelle Eigenarten aller Personen eines *»Erziehungsfeldes«* (1959, S. 145) zu berücksichtigen sind oder auch epochale, soziologische, geschichtliche und weltanschauliche Überformungen (a.a.O., S. 154). Trotz dieser wirkenden Kräfte steht in der Darstellung der Erziehungsstile die Erzieherperson im Vordergrund. In mehr oder minder offener Form bekennt sich der Autor zu dem methodischen Mittel der Intuition, wenn er sagt: »Alle Stilerkenntnis ist abhängig von der Stilsichtigkeit. Wer dieses ganzheitliche Sehen nicht geübt hat, für den wird die Schilderung von Erziehungsstilen wenig Überzeugungskraft haben« (a.a.O., S. 154).

3.3.1. Darstellung der verschiedenen Erziehungsstile

(1) Ichbezogene und sachliche Erziehung (Erziehungsstil der Sachlichkeit)
Als ichbezogen bezeichnet Ruppert diejenigen Erzieher, für welche die Kinder »Wunschfiliale« (a.a.O., S. 155) sind. Ohne Rücksicht auf die Kinder werden die egoistischen Wünsche der Eltern durchgesetzt. Die Erziehungsatmosphäre ist dabei »spannungsgeladen und vielleicht voller Aggressionen« (a.a.O., S. 156). Im Gegensatz dazu ist der sachliche Erziehungsstil dadurch gekennzeichnet, daß die Erzieher »völlig offen sind für die Grundbedürfnisse des kindlichen und jugendlichen Menschen« (a.a.O., S. 156). Die Atmosphäre der sachlichen Erziehung wird als »gefühlsverhalten, fast nüchternkühl« beschrieben, Gegensätze werden offen ausgetragen, »die Kinder (wachsen) in das rechte Verständnis den Aufgaben des Lebens gegenüber hinein, und mit dem Akzeptieren von Aufgaben wachsen die Zuversicht zum eigenen Können, das Selbstvertrauen und die Selbständigkeit ... die Grundgesten der Kinder in der ichbezogenen Erziehung (sind) der verbissene Trotz oder das ›Schielen‹ nach der Meinung und Gunst der Eltern« . . . (a.a.O., S. 157).

(2) Verwöhnen und Versagen in der Erziehung (Erziehungsstil der Sorge)
Das Kriterium des zweiten Aspektes ist das »Maß des Gebens, des Gewährens, ... das Nehmen und Sichversagen« (a.a.O., S. 157). Während der verwöhnende Erzieher das Kind mit allem möglichen (Beachtung, Liebe, Zärtlichkeit, Hilfestellung, Sachen, Spielzeug) überschwemmt, gewährt der versagende Erzieher überhaupt nichts, sein Erziehungsstil »bedeutet aber insgesamt totale Frustration — Vereitelung des kindlichen Daseins im Ganzen« (a.a.O., S. 159). In der Mitte dieser beiden Extremformen steht der Erziehungsstil der Sorge, der durch die »›gemäße‹ Erziehung, d. h. die dem kindlichen Menschsein angemessene Erziehung« (a.a.O., S. 159) gekennzeichnet ist. Als Auswirkung dieser Möglichkeiten nennt Ruppert, daß bei der verwöhnenden Erziehung der Realitätssinn des Kindes verfälscht wird, daß diese Kinder immer mehr fordern und ihre Entwicklung der Selbständigkeit erschwert wird; bei der zweiten Form »färbt sich das Weltbild des Kindes düster«, »die Gemütskräfte versinken in Mutlosigkeit« und »die schöpferischen Kräfte seiner Phantasie werden ins leere Tagträumen abgelenkt« (a.a.O., S. 159); schließlich findet das Kind, das im Erziehungsstil der Sorge erzogen wird, »Zutrauen zu einer ihm unverfälscht dargebotenen Welt«, »Vertrauen und Furcht« (a.a.O., S. 160).

(3) Entmutigende und ermutigende Erziehung (Erziehungsstil der Tapferkeit)
Bei der entmutigenden Erziehung wird das Kind »immer deutlich auf die Schwächen, auf seine Ungeschicklichkeit, Kleinheit, ›Dummheit‹ und auf sein ›Bösesein‹ hingewiesen« (a.a.O., S. 160). »Oft gehört zum Stil der entmutigenden Erziehung auch der Mangel an Bedürfnisbefriedigung, das Über-

maß an Strafe, Tadel, herabsetzenden Bemerkungen, moralisierender Kritik und auch schon die Dürftigkeit des Milieus« (a.a.O., S. 161). Bei der ermutigenden Erziehung »ist das Kind umstellt von Erwachsenen, die es freudig bejahen und alle seine großen und kleinen Fortschritte und Leistungen miterleben« (a.a.O., S. 161). Während die Auswirkungen der ersteren Möglichkeit mit »Minderung der Leistung, herabgesetzte Verfügungskraft über an und für sich vorhandene Kräfte«, mangelnde Geborgenheit, sowie »Gleichgültigkeit und Resignation« (a.a.O., S. 161) beschrieben werden, hat der andere, der Erziehungsstil der Tapferkeit, höchst erfreuliche Resultate zu verzeichnen, nämlich »Sicherheit und Selbstvertrauen«, »Lebenserfolg« und »Ichstärke« (a.a.O., S. 161).

(4) Verstehende und fordernde Erziehung (Erziehungsstil der Güte)
Das Ideal bei Berücksichtigung der mit diesen Bezeichnungen gemeinten Erziehungsstilen ist »einmal mehr ›verstehendes Fordern‹, das andere Mal mehr ›forderndes Verstehen‹« (a.a.O., S. 162). Bei diesem Vorgang »begegnen sich die *Güte* des Erziehers und der *Gehorsam* des Zöglings (!)« (a.a.O., S. 163). » . . . Verfehlungen werden mit Nachsicht und Milde, aber unvergeßlich und eindrücklich gerügt und auch bestraft. Die Strafe wird als Situation der Aussöhnung mit der Ordnung und den gültigen Werten über die Erziehungsperson hin angenommen. Die Atmosphäre des Erziehungsfeldes ist immer ›geklärt‹« (a.a.O., S. 163).

(5) Autoritäre und freiheitliche Erziehung (Erziehungsstil der Ehrfurcht)
»Alle *autoritär bestimmte Erziehung* wirkt aus einem Überlegenheits-, Unterlegenheitsverhältnis heraus. Wert und Verpflichtung ist, was der Mächtige und Überlegene ›setzt‹« (a.a.O., S. 164). »Der Gegenpol ist die betont *freiheitliche Erziehung*, mit dem großen Spielraum für den einzelnen, mit dem großen Zutrauen zu der Bereitschaft, sich für die Werte aufzuschließen und freiwillige Verpflichtungen auf sich zu nehmen« (a.a.O., S. 165).

(6) Selbstbewußte und schuldbewußte Erziehung (Erziehungsstil der Wahrhaftigkeit)
»Die selbstbewußte Erziehung ist davon überzeugt, daß man den jungen Menschen nur auf sein ›Selbst‹ zu stellen habe, damit er das wird, was er je schon ist —, ein vollkommener Mensch« (a.a.O., S. 166). »Die Erziehung selbst erscheint in dieser ›schuldbewußten‹ Erziehung als ein unheimliches Geschäft, das mit Notwendigkeit in die Schuld hineinträgt, da Schuld schlechthin die Seinsweise des Menschen ist. . . . die Einsicht, daß Erziehung in Schuld verstrickt, (wird) wohl die meisten Erzieherpersonen erzieherisch mutlos machen« (a.a.O., S. 168).

3.3.2. Diskussion der Stilformen der Erziehung Rupperts

3.3.2.1 Interne Unzulänglichkeiten

(1) Das Programm, das bei Ruppert einleitend erwähnt und nach welchem Erziehungsstile in einen größeren Zusammenhang eingebettet sind — man könnte auch sagen: in Abhängigkeit von anderen Bedin-

gungen unterschiedlich ausfallen —, wird von ihm nicht mehr weiter verfolgt. Epochale Unterschiede, soziologische Überformungen u. dgl. mehr kommen nicht mehr zentral zur Sprache.
(2) Bei Rupperts Darstellung wird nicht klar, in welcher Beziehung die von ihm dargestellten Erziehungsstile zueinander stehen. Sind es etwa »Kategorien«, die durch Aufgliederung nach einem Einteilungskriterium zustande kommen? Sicherlich nicht, denn welches Kriterium könnte hier die Vielzahl geschilderter Aspekte abdecken. Sind es aber jeweils verschiedene Gesichtspunkte, welche zur Identifikation eines Erziehungsstils führen, in welcher Beziehung zueinander stehen die geschilderten Stile dann? Dann nämlich kann man sie nicht mehr isoliert nebeneinander hinstellen.
(3) Es ist aber auch zu vermuten, daß hier sehr komplexe typologische Schemata verwendet werden, bei denen man sich nicht bewußt ist, durch welche Einzelmerkmale sie genau zustande kommen. Da Erziehungsstile im Anschluß an den Gebrauch der Alltagssprache beschrieben werden, vergißt man dabei, nach den Kriterien, Verhaltensdimensionen und Einstellungen Ausschau zu halten, aus denen man diese Erziehungsformen wieder aufbauen könnte. Ähnliche komplexe Bezeichnungen, die einen gewissen Wert für eine rasche, wenn auch ungenaue Verständigung besitzen mögen, werden bisweilen auch in anderen entwicklungspsychologischen Lehrbüchern verwendet, so z. B. von H. Remplein (1966, S. 564), der unter Fehlformen der häuslichen Erziehung die verwöhnende, die versagende, die überfordernde und schließlich die verwirrende Erziehung herausgreift.

3.3.2.2. Psychologie der Erzieherpersönlichkeit oder Erziehungslehre?

(1) Durch den methodischen Zugriff in Rupperts Analyse werden seine Ausführungen unangreifbar. Wenn »Stilerkenntnis« von »Stilsichtigkeit« abhängig ist (a.a.O., S. 154), so kann natürlich jedem entgegengehalten werden, der nicht zu derselben Gruppierung von Merkmalen des Erziehers kommt, daß er eben nicht in derselben Weise stilsichtig wie der Autor sei. Wenn aber auf der anderen Seite die von ihm geschilderten Erziehungsstile »Kategorien der Beobachtung und des Verstehens« sind, deren »Tauglichkeit ... jederzeit nachgeprüft werden kann«, dann müßten wohl andere Kriterien als die genannte »Stilsichtigkeit« für die Bestätigung der Berechtigung einer solchen Gruppierung von Erziehermerkmalen genannt werden. Genau das aber ist der Unterschied zwischen einer »Erziehungslehre als Vorstufe der Erziehungswissenschaft« (W. Brezinka, 1972, S. 169) und der Erziehungswissenschaft: »Die Erziehungswissenschaft unterscheidet sich von vorwissenschaftlichen Aussagen, von Dichtungen oder Mythen über Erziehung vor allem dadurch, daß sie die aufgestellten Behaup-

tungen kritisch diskutiert und prüft, ob sie mit den beobachteten Tatsachen vereinbar sind« (a.a.O., S. 170).

(2) Der Verdacht, daß es sich bei Rupperts Ausführungen eher um eine »verkürzte Erziehungslehre, (und zwar) um eine normative Erziehungslehre« handelt, wird auch von W. Zifreund ausgesprochen (1967, S. 129). Von einer Handvoll als »richtig« erachteter Beziehungen zwischen dem Zusammenhang von Einstellungen, Zielen, Verhaltensweisen des Erziehers und bestimmten Konsequenzen bei den Kindern ausgehend, werden Ratschläge für die richtige Erziehung gegeben, z. B.: »Am bedenklichsten ist das Übermaß des Helfens, das ein Kind unweigerlich in Abhängigkeit von den Eltern bringt, die ihm letztlich das Selbständigwerden erschwert oder unmöglich macht« (J. P. Ruppert, 1959, S. 158). Nicht, daß sich für diese Aussage vielleicht nicht Belege finden ließen, aber in der Weise, wie sie hier behauptet wird — ohne Diskussion solcher Belege — stellt diese Aussage höchstens eine plausible Hypothese dar, nicht aber eine Hypothese, die theoretisch begründet und empirisch bewährt sei (M. Bunge, 1967a, S. 256). Dasselbe ist gegenüber Rupperts wohlmeinenden Empfehlungen zu sagen: »Wo Kinder geliebt, wo sie zart behandelt, aber nicht verzärtelt werden, wo man ihnen entgegenkommt, sie aber nicht mit Entgegenkommen überschwemmt, wo man sich ihnen versagt, ohne ihnen aber die nötige Hilfe zu verweigern, wo man von ihnen Verzicht fordert, ohne sie zu überfordern und ihnen zugleich wieder etwas zugute tun kann, wo man ihnen aus vollem Herzen zu geben vermag und doch dabei Bedacht darauf hat, daß die Gabe in der rechten Weise angenommen wird, wo man in einer Atmosphäre des Vertrauens und der Geborgenheit Unabdingbares mit gütigem und ermutigendem Blick zu fordern vermag, da ist die ›gemäße‹ Erziehung, d. h. die dem kindlichen Menschsein angemessene Erziehung« (J. P. Ruppert, 1959, S. 159). Schwärmerische Ergüsse dieser Art besitzen natürlich einen harten Kern, den man herausarbeiten könnte, in der Form aber, in welcher sie hier präsentiert werden, nämlich als Ergebnis gegenwärtiger psychologischer Forschung, sind sie als vor- oder unwissenschaftlich zurückzuweisen.

3.4. Rückblick

Die bisherige Darstellung von Beiträgen der Pädagogik zum Gebiet der Erziehungsstile ließe sich noch erweitern, man denke beispielsweise an das Typenkonglomerat von 25 Erziehertypen, das H. Wollasch beschreibt (1955, S. 144 ff.) oder die drei Grundformen erzieherischen Verhaltens von W. Linke (1957). Unter einem systematischen Aspekt bieten aber auch diese Arbeiten höchstens Anlaß zu negativer Kritik; Wollasch stellt völlig unbedarft so heterogene Sachverhalte gleichberechtigt nebeneinander, wie den »indifferenten Typ« (a.a.O., S. 117), den »Typus der Autorität« (a.a.O., S. 119), den »Gärtner« (a.a.O., S. 131) oder den Typus der »Eltern« (a.a.O., S. 135); auch die Unterscheidung einer »sozialen«, »liberalen« und »universalen Grundform« nach Linke ist völlig willkürlich getroffen und lohnt keine Besprechung.

Bei dem Versuch der Typenbildung durch E. Vowinkel (1923) erfolgt eine Ausweitung des Typenbegriffs auf eine umfassende Systematik der Pädagogik selbst, da die pädagogische Typenlehre die Gesamtheit der pädagogischen Grundsätze und Handlungen in wissenschaftlicher Begriffsbildung zu erfassen versucht (a.a.O., S. 5). Auf die von Vowinkel angebotene Lehrertypologie (»indifferente Lehrer«, »autoritative Lehrer«, »Typus der Individualität«, »Typus der Persönlichkeit«) treffen aber alle bereits genannten Punkte der Kritik zu (a.a.O., S. 205), ohne daß neue Gesichtspunkte hinzukämen. Eine ausgearbeitete Übersicht über ältere Erziehertypologien bietet die Arbeit von H. W. Baumann (1959), die nach dem Urteil W. Zifreunds aber selbst von einer »Art kurzgefaßter Erziehungslehre« getragen wird (1967, S. 133).

(1) Abgesehen von der systematischen Kritik an den dargestellten Ausführungen über Erziehungsstile, entsteht bei der Lektüre der besprochenen Autoren der Eindruck, daß es insgesamt nicht um gezielte Problemlösungsversuche innerhalb eines gewissen Gebietes einer empirischen Wissenschaft geht, sondern daß es sich vielmehr um höchst individuelle, an ein alltägliches Vorverständnis über Tatbestände der Erziehung sich anschließende Assoziationsketten handelt, die ungeordnet und unzusammenhängend aneinandergereiht werden. Ein solcher Eindruck entsteht vor allem dadurch, daß auf bereits vorliegende Ausführungen anderer keine Rücksicht genommen wird und jeder Autor eine »Neuschöpfung« von allerdings fraglichem Neuigkeitswert vornimmt. Das sonst übliche Ritual wissenschaftlichen Konkurrenzkampfes, das in einer durch Sachüberlegungen begründeten Kritik an bestehenden theoretischen Versuchen in einem Problemgebiet besteht, ist hier einer wohlmeinenden und sich gegenseitig nicht nahetreten wollenden Ignoranz gegenüber den Ausführungen anderer gewichen. Es ist dabei zwar nicht so, daß man gegenseitig von sich überhaupt nichts wüßte, sondern die anderen werden sehr wohl in den jeweiligen einleitenden Worten lobend erwähnt; so spricht Caselmann wohlwollend über Kerschensteiners »tiefdringendes und warmherziges Büchlein« (1964, S. 30) oder Kerschensteiner über Spranger als »dem ausgezeichneten Lehrer« (1965, S. 36), nicht aber würdigen sich die Autoren einer gegenseitigen kritischen Auseinandersetzung. Mit solchen gegenseitigen Referenzerweisungen hilft man vielleicht sich selbst, auf keinen Fall aber der wissenschaftlichen Erfassung von Erziehungsphänomenen weiter. Eigentlich liefern diese Autoren damit einen indirekten Beleg für die Trivialität und Unbedeutendheit ihrer Überlegungen,

da sie an den Ausführungen der anderen nicht einen Gedankengang finden, den sie weiter ausbauen oder auch nur beibehalten könnten.

(2) Das methodologische Selbstverständnis der besprochenen Autoren besteht in der Verabsolutierung ihrer persönlichen Erfahrungen und Intuitionen. Sie sind von der Richtigkeit ihrer Ansichten — wollte man diese als Hypothesen bezeichnen, so wäre damit schon wieder zuviel gesagt — so überzeugt, daß sie gar nicht daran denken, für ihre Ansichten empirische Belege zu diskutieren. Die Argumentationsweise, wie sie beispielsweise von Ruppert (1959, S. 154) gebracht wird, und nach der nur »Stilsichtigkeit« zu »Stilerkenntnis« führt, stellt einen jeglicher Kritik gegenüber leicht zu durchschauenden Immunisierungsversuch dar. In ähnlicher Weise argumentierte in bezug auf die Kulturanthropologie auch Erich Rothacker: »Man muß physiognomisch begabt sein, um solcher geistiger Zusammenhänge überhaupt gewahr zu werden. Es gibt große Gelehrte, deren Talent auf diesem Felde völlig versagt. Sie sind, wie überhaupt amusisch, so im besonderen stilblind« (1948, S. 153). Das heißt jedoch nichts anderes, als daß nur diejenigen als Diskussionspartner anerkannt werden, welche zu denselben Erkenntnissen gekommen sind, und zwar mittels einer nicht weiter beschreibbaren intuitiven Einsicht (»Stilsichtigkeit«). Da für die Wissenschaftlichkeit von Aussagen im allgemeinen andere Abgrenzungskriterien verwendet werden (E. Morscher, 1973; K. R. Popper, 1971, S. 14; M. Bunge, 1967a, S. 8), müßte man sich hier die Frage stellen, ob die Aussagen der Autoren im Sinne der Wissenschaft überhaupt ernst genommen werden wollen. Vielleicht ist es sogar so, daß sie hier ein anderes Selbstverständnis haben, als man es voraussetzt, wenn man ihre Beschreibungsversuche auf ihre wissenschaftliche Brauchbarkeit und Tragfähigkeit hin untersucht. Beispielsweise bezeichnet Spranger seine Beschreibung des »geborenen Erziehers« als »Herzenserguß« (1958, S. 5) und man kann es ihm also gar nicht zum Vorwurf machen, wenn Kriterien der Wissenschaftlichkeit nicht auf seine Herzensergüsse zutreffen wollen.

Wenn man davon ausgeht, daß die in einem Problemgebiet verwendeten Begriffe und Beschreibungssysteme den zu erfassenden Phänomenen möglichst entsprechen sollen, dann erscheint auch der vorsichtig-begütigende Ratschlag von H. Henz als fehl am Platze, der meint: »Es wird günstig sein, die Zahl der Stile nicht zu sehr zu vermehren« (1967, S. 228). Man könnte nämlich daraus schließen, daß es völlig der Willkür des einzelnen überlassen sei, Festlegungen über die Anzahl von Erziehungsstilen zu treffen. Nur wenn wissenschaftliche Beschreibungen als definitorische und daher nicht korrigierbare Festsetzungen im Sinne des Konventionalismus (K. R. Popper, 1971, S. 47; Ch. Weinberger, 1973) verstanden werden, dann könnte diese Aussage akzeptiert werden. Geht man aber davon aus, daß sich die Begriffe einer empirischen Wissenschaft im Wechselspiel von theoretischem

Entwurf und Validierung an der Wirklichkeit herausbilden, dann sind solche wohlmeinenden Empfehlungen fehl am Platze.

(3) Bei den einzelnen Beiträgen kann man durchgehend eine Vermengung von Sachdarstellung und emotionsgeladener Bewertung finden. Krumm meint dazu: »In der deutschen erziehungswissenschaftlichen Literatur wird spätestens seit Pestalozzi, Fröbel und Schleiermacher auf die große Bedeutung der elterlichen Erziehung im gesamten Erziehungsprozeß hingewiesen. Jedoch beschränkt sich die deutsche Forschung auf erziehungsphilosophische Probleme der Familienerziehung, insbesondere darauf, wie in der Familie erzogen werden soll. Wie sich die Familienerziehung tatsächlich vollzieht, wird kaum gefragt« (1970, S. 319). Es soll hier gar nicht in Frage gestellt werden, daß in der Pädagogik Wertfragen diskutiert werden müssen, z. B. muß eine Auswahl von möglichen Erziehungszielen (W. Brezinka, 1974, S. 103 ff.) vorgenommen werden, es ist aber nicht sehr zielführend, wenn Wertungen immer nur implizit mitgeschleppt werden und aus der nicht hinreichenden Bestätigung der Beziehung zwischen bestimmten Erziehungsmitteln und deren Auswirkungen Empfehlungen für die erzieherische Praxis abgeleitet werden. Daß die Probleme einer normativen Wissenschaft, die analog von technischen Disziplinen aufgefaßt werden, auch klar gekennzeichnet werden können, belegt ein Entwurf M. Bunges (1973); frühere Ansätze dazu sind auch in dem zweckrationalen sozialen Handlungsbegriff Max Webers (1966, S. 20) zu sehen. Im Gegensatz zu diesen prinzipiell vorhandenen Möglichkeiten steht der altertümlich-schwülstige Sprachgebrauch der genannten Autoren, durch den gerade verhindert wird, daß die getroffenen Wertungen klar erkannt werden können. So wird viel von der »Liebe« gesprochen (J. P. Ruppert, 1959, S. 159; E. Spranger, 1958, S. 81; W. Linke, 1957, S. 293; H. Wollasch, 1955, S. 107; C. Caselmann, 1964, S. 57; G. Kerschensteiner, 1965, S. 50), natürlich von der »richtigen« Liebe (W. Linke, 1957, S. 294), von »Freiheit« (W. Linke, 1957, S. 298; J. P. Ruppert, 1959, S. 164; E. Spranger, 1964, S. 116), »Gerechtigkeit« (J. P. Ruppert, 1959, S. 163) und anderen Begriffen, die zwar sehr emotionsbeladen, zugleich aber sehr bedeutungsarm und vage sind. Da sich mit diesen Begriffen immer starke positive soziale Wertungen verbinden, kann man im Namen der Liebe, der Freiheit, der Gerechtigkeit usw. aber auch alle möglichen Forderungen aufstellen (W. J. Lederer, D. D. Jackson, 1974, S. 39), Tips für die richtige Erziehung geben oder Verbote statuieren, ohne mit der Notwendigkeit konfrontiert zu werden, weitere Begründungen zu geben, da das Handeln »sowieso« durch sozial sehr anerkannte Werte motiviert ist. Wenn man auch davon ausgehen kann, daß diese Hinweise gut gemeint sind, so sind sie doch für wissenschaftliche Zwecke unbrauchbar, ja sogar hinderlich, da sie auf nicht klar formulierten und kritisierbaren Voraussetzungen beruhen (W. Brezinka, 1969, S. 47).

Abschließend läßt sich sagen, daß die untersuchten Beiträge der Pädagogik für die systematische Erziehungsstilforschung keinen Fortschritt enthalten; aus ihnen läßt sich weder ein heuristisches Grundgerüst zur vorläufigen Charakterisierung von Erziehungsstilen gewinnen, kaum klar formulierte Hypothesen über Bedingungen und Auswirkungen irgendwie deskriptiv voneinander abgegrenzter Erziehungsstile herausarbeiten und schon gar nicht ein umfassenderes Hypothesensystem über gesetzmäßige Zusammenhänge im Bereich der Erziehungsstile. Dies beruht weniger darauf, daß es sich bei der Erziehung um das »schwierigste aller Gebiete« (E. Spranger, 1950, S. 121) handelt, sondern ist eher darauf zurückzuführen, daß die Autoren einfachste Prinzipien bei ihren Klassifikationsversuchen (Klassifikationen sollen gegenseitig disjunkt sein, das Einteilungskriterium sollte beibehalten werden, sie sollten zu erschöpfenden Aufzählungen des Problemgebietes führen und eventuell nicht negativ sein) nicht einhalten, die Spielregeln des wissenschaftlichen Arbeitens nicht befolgen, Sachaussagen und Wertaussagen miteinander vermischen und ihre Befriedigung in einer schwärmerisch diffusen Wiedergabe ihres Problembereiches finden.

4. Typologisch orientierte Konzepte des Erziehungsstils

Ein anderer Weg, der von der Erziehungsstilforschung beschritten worden ist, bestand in der Aufstellung von Typenkonzepten des Erzieherverhaltens. Darunter sollen diejenigen Versuche zur Erfassung des Erziehungsstils verstanden werden, bei denen bestimmte Merkmalskomplexe des Erzieherverhaltens zuerst unter globalen Bezeichnungen auf einer begrifflichen Ebene beschreibend voneinander abgegrenzt und dann in der Realität aufgesucht wurden. Empirisch relevant werden diese Ansätze in dem Maße als die gegebenen Beschreibungen mit tatsächlich zu beobachtenden Komplexen erzieherischen Verhaltens übereinstimmen. Zieht man die Unterscheidung von Feld- und Laboruntersuchungen in Betracht, so sind solche Übereinstimmungen auf zwei Arten denkbar: (1) entweder fallen die begrifflich abgegrenzten typenkonstituierenden Merkmale mit den durch Feldforschung erhebbaren Merkmalskonfigurationen des Erzieherverhaltens in natürlichen Situationen zusammen oder (2) es ist möglich, diese typologischen Erziehungsverhaltenskomplexe bei Erziehern experimentell einzuführen. Die Berechtigung solcher typologischer Konzepte des Erziehungsstils, die ja nicht nur eine Aufzählung der bedeutsamen Variablen des in Frage stehenden Problembereiches darstellen, sondern auch eine Hypothese über die Vergesellschaftung dieser Variablen enthalten, kann sich durch die erste Validierungsvariante unmittelbar ergeben, da ja hier die vorher angenommene Strukturierung des Variablenbereiches mit der beobachteten zusammenfallen könnte, für die zweite Validierungsvariante ergibt sich ein pragmatisches Signifikanzkriterium dann, wenn gravierende Unterschiede bei den in diesen Stilen Erzogenen nachgewiesen werden können.

4.1. Die Modelluntersuchungen der Lewin'schen Schule

In den von Lewin und seinen Mitarbeitern vorgenommenen Experimenten zum Einfluß des Erziehungsstils auf die Gruppenatmosphäre (R. Lippitt, 1940; R. Lippitt, 1939; K. Lewin et al., 1939; K. Lewin, R. Lippitt, 1938) wurden die Auswirkungen von drei verschiedenen Formen des Erziehungsstils untersucht. Bekanntlich bezeichneten die Autoren diese drei Merkmalskomplexe des Erziehungsverhaltens mit den Worten »autoritär«, »demokratisch« und »laissez-faire«. Diese drei Typenkonzepte wurden aufgrund von vier Einzelmerkmalen unterschieden, und zwar nach der vorherrschenden Entscheidungsstruktur, des Planungshorizontes, der Aufgabenverteilung und der von dem Gruppenleiter verwendeten Verstärkungstechniken. Im einzelnen werden die drei Typen wie folgt voneinander abgegrenzt (K. Lewin et al., 1939, S. 273):

Autoritär	Demokratisch	Laissez-faire
(1) Alle Regeln werden durch den Gruppenleiter bestimmt.	(1) Alle Regeln sind Gegenstand der Gruppendiskussion und -entscheidung. Dieser Prozeß wird unterstützt und bestärkt durch den Gruppenführer.	(1) Es besteht völlige Freiheit für Gruppen- oder Einzelentscheidungen, ohne daß der Gruppenführer daran teilnimmt.
(2) Techniken und Verhaltensschritte werden schrittweise nacheinander durch die Autorität befohlen, so daß die in der Zukunft liegenden Schritte bis zu einem großen Ausmaß unbekannt sind.	(2) Die Arbeitsperspektive wird durch die erste Gruppendiskussion festgelegt. Allgemeine Schritte zur Erreichung des Gruppenziels werden entworfen und falls technische Unterstützung notwendig ist, schlägt der Gruppenleiter zwei oder drei alternative Verfahren vor, aus denen gewählt werden kann.	(2) Der Gruppenleiter stellt verschiedene Materialien zur Verfügung und erklärt, daß er nur dann Auskunft gibt, wenn er gefragt wird. Er nimmt an der Arbeitsbesprechung in keiner anderen Form teil.
(3) Der Leiter diktiert üblicherweise die besonderen Arbeitsaufgaben und die Arbeitskameraden jedes Gruppenmitgliedes.	(3) Die Gruppenmitglieder können frei wählen, mit wem sie arbeiten wollen und die Aufgabenverteilung wird der Gruppe überlassen.	(3) Der Gruppenleiter nimmt an der Aufgabenverteilung überhaupt nicht teil.
(4) Bei dem Lob und der Kritik der Arbeit jedes einzelnen Gruppenmitgliedes handelt der Leiter »persönlich«, aber er hält sich frei von aktiver Gruppenteilnahme, ausgenommen er demonstriert etwas. Er ist eher freundlich und unpersönlich als offen feindlich.	(4) Bei Lob und Kritik ist der Gruppenleiter »objektiv« oder tatsachenorientiert und er versucht, ein möglichst vollwertiges Gruppenmitglied zu sein, ohne aber zu viel von der Arbeit selbst zu machen.	(4) Er gibt nur sehr selten Kommentare über die Arbeiten der Gruppenmitglieder, ausgenommen er wird darum gefragt. Er versucht nicht, am Lauf der Dinge teilzunehmen oder diesen zu unterbrechen.

Da in dem vorliegenden Kontext nur die möglichen deskriptiven Kennzeichnungen des Erziehungsstils interessieren, soll auf die gravierenden Auswirkungen dieser Erziehungsstile nicht näher eingegangen werden (R. Tausch, A. Tausch, 1971, S. 177—182; U. Walz, 1964, S. 37—64). Es verdient aber hervorgehoben zu werden, daß diese — natürlich durch Vorerfahrungen geprägte — Schreibtischtypologie des Erzieherverhaltens von den verschiedenen Gruppenleitern relativ »rein« verwirklicht werden konnte (vgl. Abb. 2).

»The degree to which all the adult leaders, delegated to assume a given leadership role, behaved in a comparable fashion on these major aspects of leadership role is indicated by the fact that, on all comparisons differentiating major characteristics of the three roles, there is no overlapping of the behavior of any representative of one role with any representative of a different role« (R. Lippitt, R. K. White, 1969, S. 527). Dies wird besonders deutlich, wenn man die Häufigkeiten einzelner Verhaltensmerkmale, gemittelt über die Gruppenleiter, bei den verschiedenen verwirklichten Stilformen betrachtet.

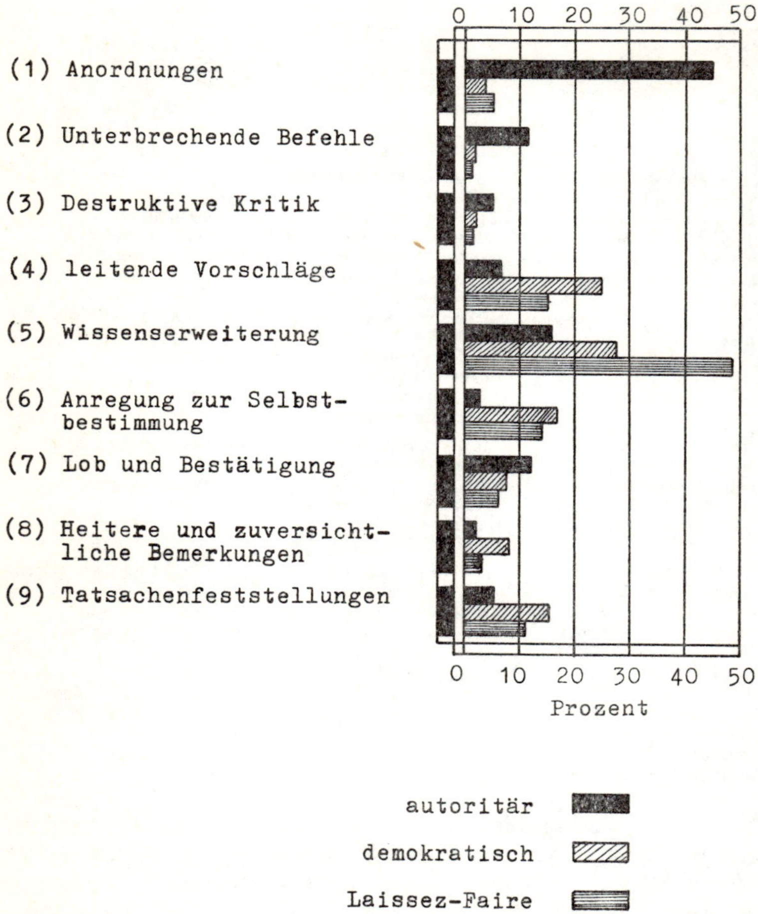

Abb. 2: Vergleich der Häufigkeit von Verhaltensweisen der Gruppenführer bei verschiedenen Erziehungsstilen (R. Lippitt, R. White, 1969, S. 526)

Auch bei einer anderen Untersuchung über die Auswirkungen von direktivem bzw. nichtdirektivem (gruppenzentriertem) Führungsstil bei Gruppendiskussionen konnte eine ähnliche Differenzierung im Verhalten des Gruppenleiters nachgewiesen werden (R. H. Page, E. McGinnies, 1959). Derselbe Gruppenleiter nahm bei nichtdirektiver

Führungsrolle nur 17 % der bei Diskussion eines Films zur Verfügung stehenden Zeit für sich in Anspruch, bei direktiver Gruppenführung aber 53 %. Kategorisiert man die von ihm abgegebenen Äußerungen, so ergibt sich folgende Gegenüberstellung (Tab. 1):

Tab. 1: Vergleich der Kategorien von Äußerungen eines Gruppenführers bei nichtdirektivem bzw. direktivem Führungsstil in % (R. H. Page, E. McGinnies, 1959, S. 242)

Kategorie	nichtdirektiv	direktiv
Meinungsabgabe oder Interpretation	7	53
Wiedergeben und Wiederformulieren	21	5
Information aufeinander beziehen	12	22
Fragen	15	2
Übereinstimmungen	43	15
Nichtübereinstimmungen	0	1
Witze	2	2

Die Anweisung, sich direktiv bzw. nichtdirektiv zu verhalten, resultierte demnach in klar voneinander unterschiedlichen Verhaltensweisen desselben Gruppenführers, d. h. das globale typologische Verhaltenskonzept konnte in verschiedenste Verhaltenskomponenten übersetzt werden.

4.2. Die Replikation der Untersuchungen durch K. Birth und G. Prillwitz

Mittels einer aufwendigen Methodik (Film- und Tonbandprotokolle) wurden Teilaspekte der Lewin'schen Studien im deutschen Sprachraum von K. Birth und G. Prillwitz (1959) wieder untersucht. Bei der Konzeption der zu verwirklichenden Erziehungsstile gehen die Autoren aber von einem etwas differenzierten Konzept aus, und zwar unterscheiden sie zwei Komponenten des Führungs- (Erziehungs)stils: »Die eigentlichen Führungsansprüche, Intentionen und Ziele des Vl. einerseits und die Durchsetzungsformen dieser Ansprüche andererseits ... Bei der ersten dieser zwei Seiten des Führungsstils wurde ... erfaßt: (a) In welchen Grad und inwieweit werden alle Maßnahmen, Arbeitsschritte usw. vom Vl. vorher geplant und bei der Arbeit entschieden, (b) in welchem Maße wird die Kooperation, die soziale Gruppierung und Ordnung vom Vl. gesteuert, (c) inwieweit gibt der Vl. die näheren und weiteren Perspektiven bekannt, (d) inwieweit will der Vl. seine ›Stimme‹, seinen Führungsanspruch herausstreichen« (K. Birth, G. Prillwitz, 1959, S. 243). Außerdem zogen die Autoren noch einen quantitativ verschiedenen Ausprägungsgrad dieser vier Kriterien in Betracht, und zwar, indem sie die möglichen Führungsintentionen entlang einer neunstufigen Dimension (autoritär vs. laissez-faire) beschreiben. In derselben Weise wurde auch eine Skala für den Ausprägungsgrad der Durchsetzungsformen dieser Führungsintentionen entworfen, die ebenfalls von sehr autoritären bis zu laissez-faire Formen reichen konnten. Durch die Kombination der möglichen Ausprägungsgrade dieser beiden Skalen zur Erfassung von Führungsintentionen und Durchsetzungsformen ergeben sich eine Reihe von Erziehungsstiltypen, von denen für die vorgesehene empirische Untersuchung nur eine Auswahl von fünf Erziehungsstilen berücksichtigt wurde (vgl. Abb. 3).

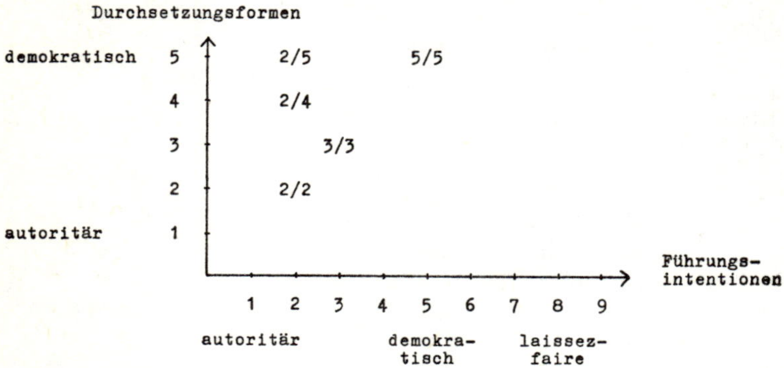

Abb. 3: Darstellung der von K. Birth und G. Prillwitz berücksichtigten Erziehungsstile: 5/5 = demokratisch; 2/5 = verdeckt-autoritär; 2/4 = Trainer-Stil; 3/3 (?) = Kontroll-Stil; 2/2 = autoritär

Der demokratische Führungsstil (5/5) ist hier gekennzeichnet durch demokratische Intentionen und demokratische Durchsetzungsformen des Erziehers; der verdeckt autoritäre (2/5) durch autoritäre Führungsintentionen bei demokratischen Durchsetzungsformen; der autoritäre (2/2) durch autoritäre Führungsintentionen und autoritäre Durchsetzungsformen; der Trainer-Stil (2/4), der beschrieben werden kann als autoritäre Intentionen bei fast demokratischen Durchsetzungsformen, wurde auch durch das Motto »hart, aber herzlich« gekennzeichnet und als Kontrollstil (3/3) wurde die Führung der Gruppe entsprechend den persönlichen Eigenarten des Leiters bezeichnet, der dabei sein Verhalten nicht an vorgegebenen Merkmalskombinationen ausrichten mußte.

Diese von K. Birth und G. Prillwitz im Vergleich zu den Lewin'schen Untersuchungen vorgenommene methodische Variante bildet im gewissen Sinn einen Übergang zu den später zu besprechenden dimensionsorientierten Konzepten des Erziehungsstils. Da hier wieder nur die begriffliche Abgrenzung und die empirische Erfassung des Erziehungsstils selbst interessiert, soll auf die Vielzahl der festgestellten Auswirkungen dieser Merkmalskombinationen des Erziehungsstils nicht eingegangen werden.

4.3. Die Übertragung typologischer Modellvorstellungen auf die Schulsituation

Die Untersuchungen von Lewin, sowie von Birth und Prillwitz wurden an kleinen Gruppen mit zumeist fünf Mitgliedern vorgenommen, die nur für einige Monate lang für eine Freizeitbeschäftigung (Bemalen von Puppenköpfen, Lernen von Zauberkunststücken usw.) beisammen waren. Obwohl sich die Untersuchungen wegen der nachgewiesenen Wirksamkeit der variierten Variablen nicht als trivial erwiesen haben, sollen hier noch einige Versuche erwähnt werden, bei denen die Lewin'schen Modellvorstellungen über Erziehungsstile im Rahmen der Schule untersucht worden sind. Einleitend muß aber zu diesen Arbeiten (U. Walz, 1964; G. Dietrich, 1966, 1969) vorausgeschickt werden, daß in diesen nicht nur die Auswirkungen des Erziehungs- oder Führungsstils des Lehrers erfaßt wurden, sondern darüber hinaus auch die Auswirkungen bestimmter Unterrichtsformen (Frontalunterricht, Gruppenarbeit, Partnerarbeit, Einzelarbeit). Implizit wurde dabei von einer weitgehenden Parallelität zwischen Führungsstil des Lehrers und Art der Unterrichtsform ausgegangen, indem die Meinung vertreten wurde, daß der Gruppenunterricht mit demokratischem Führungsstil des Lehrers einhergeht, der Frontalunterricht aber mit einem autoritären Führungsstil.

4.3.1. Gruppenunterricht und Erziehungsstil nach U. Walz

Ursula Walz geht in ihrer Untersuchung (1964) von der Diskussion des typologischen Modells des Erziehungsstils von Lewin aus. Im Anschluß an die Darstellung der Lewin'schen Ergebnisse entwickelt sie eine Reihe von Beobachtungsdimensionen für die Erfassung des Unterrichtsgeschehens. In ihrer eigenen Untersuchung werden diese aber nicht mehr weiter verwendet, sondern die Autorin gibt anstatt einer methodisch abgesicherten Erfassung umfassende Schilderungen von dem Unterrichtsgeschehen in fünf Schulklassen; vier davon wurden mehr oder minder lang mit Gruppenunterricht geführt und eine ausschließlich mit Frontalunterricht. Diese Einzelfalldemonstrationen sind allerdings schon wegen methodischer Mängel (z. B. intuitive Beschreibung des Geschehens; geringe Stichprobengröße; unterschiedliche Zusammensetzung der Schulklassen nach Anzahl, Alter und Geschlecht der Kinder; Dorf- und Stadtschulen) nicht geeignet, strikte Aussagen über die Realisierung bestimmter erzieherischer Verhaltensformen von Lehrern zu machen und es ist auch nicht möglich, daraus mit nur annähernder Wahrscheinlichkeit Erklärungen der Auswirkungen dieser nicht genau erfaßten Interaktion zwischen Erziehungsstilen und Unterrichtsformen zu geben. Die Schlußfolgerungen, die U. Walz aus ihren Beobachtungsprotokollen zieht, bleiben daher nur mehr oder weniger plausible Hypothesen, so z. B. ihre Ansicht über eine gewisse Parallelität zwischen demokratischem Erziehungsstil und Gruppenunterricht: »Gruppenunterricht und Gruppenarbeit, wenn sie im gruppenpädagogischen Sinne verstanden werden, bieten ganz von selbst, d. h. durch die situativen Nötigungen (z. B. als Lehrer zurückzutreten, Gruppenführer einzusetzen, zwischen den Gruppen zu vermitteln, Berichterstatter einzuteilen) eine Fülle von pädagogischen Chancen, sich demokratisch, d. h. partnerschaftlich, schiedsrichterlich, ausgleichend, abwartend, diskussionsbereit usw. zu verhalten« (a.a.O., S. 248).

4.3.2. Führungsstil und Unterrichtsform nach G. Dietrich

Mit einem ähnlichen Anliegen wie Ursula Walz versucht auch G. Dietrich (1969) den in der Schule herrschenden Führungs- und Erziehungsstil zu erfassen. Auch ihm geht es darum, die Überlegenheit des Gruppenunterrichts gegenüber anderen Formen der Unterrichtsgestaltung zu demonstrieren und die Beziehungen zwischen Unterrichtsform und Führungsstil durch den Lehrer aufzuweisen. Er untersuchte vier Schulklassen, von denen eine mit Gruppenunterricht und die anderen mit Frontalunterricht geführt wurden. Auf die Ergebnisse, die im großen und ganzen die Überlegenheit des Gruppenunterrichts nachweisen (G. Dietrich, 1966, S. 340 f.; 1969, S. 138 ff.), soll hier nicht eingegangen werden. Interessant ist aber die Beziehung zwischen der Klassifikation der wesentlichen erzieherischen Maßnahmen des Lehrers und der dominierenden Unterrichtsform (vgl. Tab. 2).

Tab. 2: Verteilung der wesentlichen erzieherischen Maßnahmen (in %) durch den Lehrer in vier Schulklassen (V = experimentelle Klasse mit Gruppenunterricht, K_{1-3} = Kontrollklassen mit herkömmlichem Unterricht [G. Dietrich, 1969, S. 68, S. 160])

	V	K_1	K_2	K_3
autoritäre Maßnahmen	8	17	31	21
autoritative Maßnahmen	34	35	47	38
sozialintegrative Maßnahmen	58	42	22	19
laissez-faire Maßnahmen	—	7	—	22

Wie man aus dieser Verteilung ersehen kann, ist es nicht so, daß ein Lehrer mit Bevorzugung einer bestimmten Unterrichtsform nur Erziehungsmaßnahmen trifft, die ausschließlich einer Kategorie zugeordnet werden können. Es ergeben sich aber schwerpunktmäßige Tendenzen, die darauf hindeuten, daß sozialintegrative Maßnahmen eher bei dem Lehrer zu finden waren, der den Gruppenunterricht bevorzugte. Im Gegensatz zu der von R. Lippitt und R. K. White (1969, S. 526) gegebenen Häufigkeitsverteilung einzelner Verhaltensformen bei verschiedenen Erziehungsstilen kann man in dieser Aufstellung auch einen

Hinweis darauf finden, daß die tatsächlich auftretenden Kombinationen erzieherischer Verhaltensweisen, die nicht experimentell restringiert sind, eine über die typologische Zuordnung hinausgehende Variationsbreite besitzen.

4.3.3. Die Einordnung von Lehreräußerungen in ein typologisches Schema

A. Tausch et al. (1967) ließen 1543 Lehreräußerungen von 50 Studenten der Psychologie und Pädagogik und von 5 Experten den Typenkonzepten »sehr autokratisch«, »autokratisch«, »sozial-integrativ« und »laissez-faire« zuordnen. 257 solcher Sprachäußerungen konnten von beiden Gruppen übereinstimmend zugeordnet werden. In einem zweiten Versuchsdurchgang wurden diese Äußerungen mit zusätzlichen vermischt und einer anderen Gruppe von 80 Beurteilern vorgelegt, welche diese Äußerungen nach 17 Merkmalen raten sollten (vgl. Abb. 4).

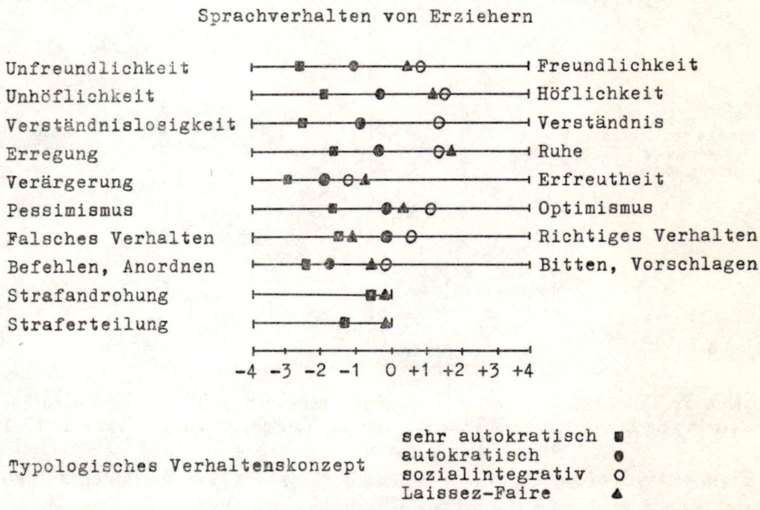

Abb. 4: Mittelwerte von typischen Lehreräußerungen (A. Tausch et al., 1967, S. 532)

Nach dem semantischen Verständnis der Beurteiler sind *sehr autokratische* Erzieheräußerungen durch die Merkmale Verärgerung, Unfreundlichkeit, Verständnislosigkeit, Befehlen, Unhöflichkeit, Pessimismus, Erregung, falsches Verhalten, Straferteilung und Strafandrohung gekennzeichnet (a. a. O., S. 531); *autokratische* Erzieheräußerungen durch die Merkmale Verärgerung, Befehlen, Unfreundlichkeit, Verständnislosigkeit, Erregung und Unhöflichkeit (a. a. O., S. 531); *sozial-integrativen* Sprachäußerungen wurden die Merkmale Höflichkeit, Ruhe, Verständnis, Optimismus, Verärgerung,

Freundlichkeit und richtiges Verhalten (a. a. O., S. 533) zugeordnet; Erzieheräußerungen, die dem *laissez-faire*-Konzept entsprachen, wurden mit den Merkmalen Ruhe, Verständnis, Höflichkeit und falsches Verhalten beurteilt (a. a. O., S. 533).

Aus der Faktorenanalyse der Interkorrelationen der Mittelwertprofile dieser vier Typenkonzepte ergab sich die Notwendigkeit, die Zusammenhänge zwischen diesen vier Typenkonzepten mit drei Faktoren wiederzugeben. In der Zusammenfassung dieser und anderer Untersuchungen (B. Fittkau, H. Langer, 1969; H.-J. Fenner, R. Tausch, 1969) wird von den Autoren ein anderer Weg beschritten, und zwar werden diese Typenkonzepte in ein zweidimensionales Koordinatensystem eingeordnet (R. Tausch, A. Tausch, 1971, S. 172), deren eine Dimension das Ausmaß der Lenkung, die andere das Ausmaß der Wertschätzung wiedergibt (vgl. Abb. 5).

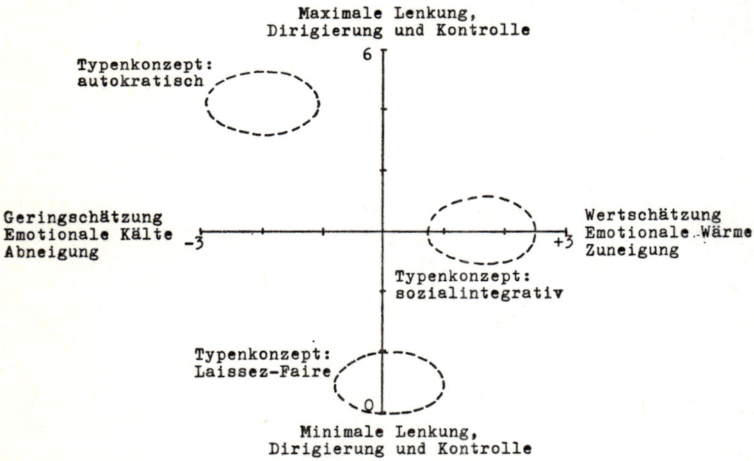

Abb. 5: Einordnung typologischer Verhaltensformen in das Koordinatensystem von Lenkung und Wertschätzung (R. Tausch, A. Tausch, 1971, S. 172)

Damit wird versucht, die Vergleichbarkeit der Typenkonzepte hinsichtlich durchgängiger und für alle drei (vier) Typen geltender Merkmale zu demonstrieren.

4.4. Rückblick

4.4.1. Typen als Merkmalskomplexe

Mit Typenkonzepten des Erzieherverhaltens wurde von Lewin und anderen versucht, bestimmte charakteristische Merkmalskombinationen von Einzelmerkmalen des Erziehungsstils wiederzugeben.

(1) Die getroffenen Klassifikationen erwiesen sich insofern als bedeutsam, als nachgewiesen werden konnte, daß solche Merkmalskomplexe erzieherischen Verhaltens in experimentell kontrollierten Situationen verwirklicht werden konnten (R. Lippitt, R. K. White, 1969, S. 526). Damit ist allerdings noch nicht ausgesagt, daß bei einer Erfassung von Erziehungsstilen in natürlichen Situationen die Erzieherpersonen auch dieselben Merkmalskombinationen zeigen.

(2) Im Anschluß an die Untersuchungen von Tausch (A. Tausch et al., 1967; B. Fittkau, H. Langer, 1969) kommt den Typenkonzepten auch insofern Bedeutung zu, als mit diesen typologischen Sammelbezeichnungen ein relativ großes Ausmaß an interindividuell hinreichender Verständigungsmöglichkeit verbunden ist, das aber bisweilen auch zu einem demagogisch-schlagwortartigen Mißbrauch dieser Konzepte geführt (E. Meyer, 1970, S. 62) hat. »Ohne Zweifel haben Typenkonzepte lange Zeit hindurch eine schnelle, wenn auch ungenaue Verständigung über das von Lehrern und Erziehern realisierte Verhalten ermöglicht« (R. Tausch, A. Tausch, 1971, S. 171). Die Gleichsetzung von »restriktiv-traditionell« und »permissiv-progressiv« (F. N. Kerlinger, 1956; R. A. Elder, 1949) ist allerdings eine zu grobe Schematisierung, als daß sie einen fruchtbaren Forschungsansatz ergeben könnte. Auch bei der Wahl anderer oder mehrerer Bezeichnungen wie durch G. H. Elder (1962) zeigt sich die Willkür bei der unterschiedenen Anzahl und Definition von Typen (autocratic, authoritarian, democratic, equalitarian, permissive, laissez-faire, ignoring).

(3) Daß mit den in den verschiedenen experimentellen Untersuchungen bedeutsame Bedingungen für das Verhalten erfaßt wurden, geht schließlich aus den unterschiedlichen Auswirkungen solcher Erziehertypen hervor (K. Lewin, R. Lippitt, 1938, S. 198 f.; R. Lippitt, 1939, S. 31 f.; K. Lewin et al., 1939, S. 276 f.; R. Lippitt, R. K. White, 1969, S. 529 f.; K. Birth, G. Prillwitz, 1959, S. 251 f.). Wenn die aufgeführten Erziehertypen auch nicht eine vollständige Beschreibung der möglichen Verhaltensvariationen von Erziehern sind, so kann man aus den Ergebnissen doch mit einiger Sicherheit schließen, daß immer unter den gleichen Bedingungen diese gefundenen Auswirkungen auftreten werden (W. Neubauer, 1974).

4.4.2. Erziehertypen und Merkmalsdimensionen

Typologien nehmen aus Gründen der leichteren Darstellung ihren Ausgang von extremen Merkmalsausprägungen. Dadurch fallen nicht nur andere Merkmalskombinationen unter den Tisch, sondern es werden auch mögliche quantitativ abgestufte Unterschiede einzelner Merkmalskonfigurationen nicht beachtet. »Die jeweiligen Typenkonzepte werden meistens nicht präzise durch Merkmale und das Ausmaß deren Ausprägung definiert. Dieses ermöglicht keine genaue Verständigung und insbesondere in der Forschung keine Vergleichbarkeit« (R. Tausch, A. Tausch, 1971, S. 170). Noch deutlicher drückt R. C. Anderson dies aus, er meint am Ende seines Sammelreferates über Führungsstile: »The authoritarian-democratic construct provides an inadequate conzeptualization of leadership behavior« (1959, S. 212).

(1) Diese mißliche Tatsache wird in der Untersuchung von K. Birth und G. Prillwitz (1959, S. 243) dadurch zu überwinden getrachtet, daß der Führungsstil in zwei Komponenten zerlegt wird (Führungsintentionen und Durchsetzung der Führungsintentionen), für welche jeweils eine 5-(9-)stufige Skala zur Einordnung einzelner Ausprägungsgrade konstruiert wird. Das Vorgehen ist insofern nicht konsequent durchgeführt, als zur Einordnung auf den jeweiligen Skalen wieder mehrere Merkmale simultan verwendet werden. Jedenfalls ist es durch diese Konzeption möglich, das Konzept des Erziehungsstils differenzierter zu erfassen als durch die ursprünglichen Beschreibungen, auch wenn dann für die Untersuchung nur bestimmte Möglichkeiten herausgegriffen wurden.

(2) In konsequenter Weiterverfolgung dieses Ansatzes kommt man dazu, für jedes unterscheidbare Einzelmerkmal des Erziehungsstils solche Erfassungsmöglichkeiten zu konzipieren, die man dann an alle Erzieher anlegen kann und aus deren Zusammenhang übergeordnete Beschreibungsdimensionen abgeleitet werden können. Dieser Schritt wird teilweise von R. und A. Tausch gemacht (vgl. die obige Einordnung der typologischen Erziehungsstilkonzepte in ein zweidimensionales Beschreibungssystem), wenn auch die Belege für die Berechtigung gerade ihres Ordnungssystems nicht immer zwingend sind. Jedenfalls ist es dadurch möglich, daß bei einzelnen Erziehern auch gegenläufige Verhaltenstendenzen (»Mischtypen«) festgestellt werden können (vgl. auch die Kategorisierung von Lehrermaßnahmen nach G. Dietrich, 1969, S. 68), ohne daß dadurch gleich das Modell, das man sich von dem Erziehungsstil gemacht hat, ad absurdum geführt wird.

(3) Welches Beschreibungsmodell für die Darstellung der Merkmale des Erzieherverhaltens letztlich als verbindlich angesehen werden soll, kann beim derzeitigen Stand der Forschung noch nicht entschieden werden (H. Nickel, 1968, S. 47). Wie im nächsten Abschnitt noch zu zeigen sein wird, stimmen die Ergebnisse faktorenanalytischer Untersuchungen einmal nicht überein und sie sind außerdem methodologisch unverbindlich. Man denke beispielsweise an die Versuche der ein- (R. Bastine et al., 1969), zwei- (R. Tausch, A. Tausch, 1971; B. Fittkau, 1969) oder dreifaktoriellen Beschreibung des Lehrerverhaltens (D. Ryans, 1961a, b; B. Fittkau, 1969; F. Masendorf, K. Tscherner, 1973). Andere wieder fanden ein noch höher dimensionales System zur Wiedergabe des Lehrerverhaltens geeignet (E. E. Davis, N. Viernstein, 1972; J. J. Koch et al., 1971; J. L. Horn, W. L. Morrison, 1965).

Als möglich und fruchtbar hat sich aber die Entwicklung von quantitativ konzipierten Skalen zur Erfassung von Gesamtmerkmalen des Erzieherverhaltens erwiesen (M. Schenk, B. Ungelenk, 1974; R. Tausch et al., 1969a; H. Nickel, 1968; A. Tausch et al., 1968).

4.4.3. Terminologische Bedenken

Gegen die Lewin'schen Benennungen der drei abgegrenzten Erziehungsstile werden bisweilen Bedenken erhoben, beispielsweise in der Art, daß zuerst behauptet wird, »autoritär« und »demokratisch« seien als Gegensätze konzipiert worden und daß dann in einem weiteren Schritt schließlich gezeigt wird, daß »Autorität« auch in Demokratien notwendig sei oder daß »autoritär« eine Fehlform »wahrer« Autorität bezeichnet (E. E. Geissler, 1973, S. 62 f.). Allerdings dürfte es doch nicht so sein, wie es E. Weber darstellt, wenn er sagt: »Die Kritik an diesem Experiment (gemeint sind die Lewin'schen) wendet sich gegen die Bezeichnungen der Stilformen, deren weltanschaulich-politische Bedeutung eine vorurteilsfreie Untersuchung und Verständigung erschweren« (E. Weber, 1973, S. 127). Es ist zwar möglich, daß die Polemik an den relativ willkürlich gewählten Bezeichnungen hängen bleibt, aber daraus kann sicher keine Kritik gegen die Untersuchungen selbst abgeleitet werden.
Immerhin sollte man aber zugeben, daß »die Terminologie ›autoritär‹ und ›demokratisch‹ eine Wertung (enthält), die nur zu leicht dazu führen kann, bei der positiv bewerteten Bezeichnung auch günstige Auswirkungen zu erwarten (und prompt auch zu finden). Wissenschaftliche Forschung sollte es vermeiden, ihre Ergebnisse durch wertende Terminologie im voraus zu beeinflussen« (D. Höger, 1972, S. 72). Die Gefahr solcher Beeinflussungen wurde auch durch andere Untersuchungen (R. Rosenthal, 1966) eingehend demonstriert. Wenn man diese Möglichkeiten bedenkt, so ist es vermutlich angemessener, bei der Diskussion von Erziehungsstiltypologien von den Tausch'schen Bezeichnungen (autokratisch, sozialintegrativ) auszugehen. Dadurch, daß diese Typologien durch den Stand der gegenwärtigen Forschung als überholt gelten, fehlt diesen Disputen über terminologische Etikettierungen weitgehend die praktische Bedeutung.

5. Dimensionsorientierte Erfassungsversuche des Erziehungsstils

Obwohl sich der typologische Ansatz in der Erziehungsstilforschung für einige Zwecke als fruchtbar erwiesen hat, ließen sich doch eine Reihe von Punkten gegen ihn einwenden. Die Möglichkeit eines differenzierteren Vorgehens ergibt sich, wenn man nicht von typologisch gefaßten Konzepten des Erziehungsstils (Merkmalskomplexen) ausgeht, sondern untersucht, welche Einzelmerkmale an den Verhaltensformen von Erwachsenen gegenüber Kindern, Schülern usw. unterschieden werden können und erst in einem zweiten Schritt versucht, aus der Art der Kovariation dieser Einzelmerkmale mittels verschiedener statistischer Verfahren (Faktorenanalyse, Clusteranalyse, Konfigurationsfrequenzanalyse usw.) auf Grunddimensionen oder Merkmalskomplexe des Erziehungsstils zurückzuschließen. »In developing a conceptual model for a research area, two principal activities can be differentiated — first, analyzing the universe into discrete concepts, and second, reducing these discrete concepts to a parsimonious conceptual scheme« (E. S. Schaefer, 1961, S. 124). Diese Einzelmerkmale können wiederum durch Verhaltensbeobachtung direkt aus der Eltern-Kind Interaktion erschlossen werden, wobei der Grad der unmittelbaren Beobachtbarkeit allerdings sehr verschieden ist und vom Auszählen einzelner Verhaltensweisen (z. B. Häufigkeit des Blickkontaktes) bis zu globalen Verhaltensratings (z. B. dominierendes Verhalten) reichen kann; oder aber es kann sich um auf kognitiver Ebene repräsentierte Schemata handeln (Erziehungseinstellungen), die mittels Interview- oder Fragebogenverfahren von den Eltern (selbstperzipierter Erziehungsstil) oder den Kindern (perzipierter Erziehungsstil) abgefragt werden (vgl. Abb. 6).

Schon diese erste oberflächliche Aufgliederung zeigt, daß sich durch eine etwas differenziertere Betrachtungsweise in dem Problemgebiet »Erziehungsstile« eine Vielzahl von Fragen öffnen, beispielsweise (a) inwieweit können die Einzelmerkmale zu einer »sparsamen« und doch zutreffenden Charakterisierung von Erziehungsstilen kombiniert werden, (b) wie hängen die von den Kindern perzipierten Erziehungseinstellungen mit den elterlichen Selbstperzeptionen des Erziehungsstils zusammen oder (c) wie hängen die Merkmale, die auf der Einstellungsebene erfaßt werden, mit Verhaltensmerkmalen zusammen. Da eine Besprechung aller Erfassungsversuche von Einzelmerkmalen des Erziehungsstils zu weit führen würde, sollen hier nur einige Systematisierungsversuche dieser Einzelmerkmale mittels Faktorenanalysen

(S. A. Mulaik, 1972; K. Überla, 1968; K. Pawlik, 1968) wiedergegeben werden.

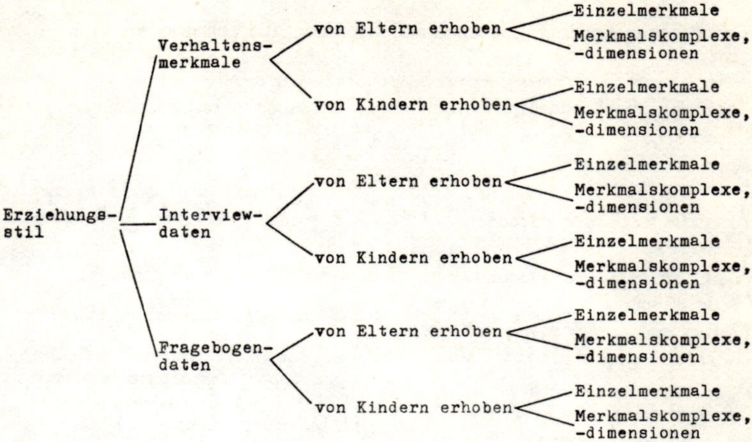

Abb. 6: Aufgliederung von einzelnen Merkmalen des Erziehungsstils nach verschiedenen Erfassungsmöglichkeiten

Auf den ersten Blick erscheint das Vorgehen bei der Bestimmung von faktorenanalytischen Dimensionen des elterlichen Erziehungsstils nicht mit so vielen Implikationen vorbelastet zu sein, wie dies bei den typologischen Ordnungsversuchen der Fall war: es wird ja im idealen Fall von den Einzelmerkmalen ausgegangen und »Einzelmerkmale sind relativ leicht zu definieren oder zu beschreiben« (R. Tausch, 1966, S. 190). Dann werden aus den Interkorrelationen dieser Einzelmerkmale die Anzahl der unabhängigen Beschreibungsdimensionen bestimmt, die zur Rekonstruktion der ursprünglichen Variablen hinreichend sind. Die solcherart ermittelten faktorenanalytischen Dimensionen des Erziehungsstils werden dann als Modell für die ursprüngliche Variablenmenge betrachtet. Daß dieses Verfahren doch nicht so glatt vonstatten geht, wie hier vorerst skizziert wurde, soll in den nachfolgenden Punkten der Kritik näher erläutert werden.

5.1. Dimensionen der Selbstwahrnehmung des elterlichen Erziehungsstils

5.1.1. Faktorisierungen des »Parental Attitude Research Instrument«

Eines der gebräuchlichsten Fragebogenverfahren zur Erfassung des elterlichen Erziehungsstils aus der Sicht von Eltern stellte der PARI dar (E. S. Schaefer, R. Q. Bell, 1958). In der 1958 veröffentlichten Form bestand er aus 23 Skalen, die mit je fünf Items verschiedene erziehungsrelevante Einstellungsbereiche bei Müttern erfragen.

Tab. 3: Fragebogenverfahren zur Feststellung des selbstperzipierten elterlichen Erziehungsstils

---

Parent-child-relationships (G. Laws, 1925)

Attitudes of parents (R. Stogdill, 1933)

Attitudes to childrens freedom (H. L. Koch et al., 1934)

U.S.C. Parental attitude survey (E. J. Shoben, 1949)

Feeling and beliefs about children (L. H. Stott, M. P. Berson, 1951)

Parent opinion inventory (M. B. Shapiro, 1952)

Attitudes of mothers (J. C. Mark, 1953)

Harshness-scale (J. J. Gallagher, 1957)

Parental attitude research instrument (E. S. Schaefer, R. Q. Bell, 1958; E. S. Schaefer et al., 1959)

Parentals opinions towards authoritarian rearing practices (D. L. Mosher, A. Scodel, 1960)

Inventory of family life and attitudes (H. Platt et al., 1962)

Einstellungen zu Problemen der Kindererziehung (H. G. Jarecki, 1961)

Erziehungsauffassungen von Schweizer Müttern (U. Pulver, 1962)

Maryland parent attitude survey (D. K. Pumroy, 1966; A. Tolor, 1967)

Fragebogen zum elterlichen Erziehungsstil (W. Seitz, P. Jankowski, 1969 a, b)

Einstellungsfragebogen zur Erkundung von Erziehungseinstellungen (E. Littmann, E. Kasielke, 1970; H. Lukesch, A. Tischler, 1975b)

Meßinstrument zur Erfassung mütterlicher Erziehungseinstellungen (E. H. Liebhart, G. Liebhart, 1971)

Punitivitätsdifferential (N. Viernstein, 1972)

Selbsteinschätzung von Elternverhalten (J. W. Mundt, M. Schmidt, 1973)

Selbstperzipierte elterliche Erziehungseinstellungen (A. Engfer et al., 1973; K. A. Schneewind et al., 1974)

Repressive Erziehungseinstellung (D. Rahm, 1974)

Die Faktorenanalyse, die mit einer Vorform des Verfahrens durchgeführt worden war (E. S. Schaefer, R. Q. Bell, 1957) ergab 5 Dimensionen, in welche sich die (in diesem Fall) 24 Skalen einordnen ließen. Diese werden von den Autoren wie folgt benannt: »suppression and interpersonal distance«, »hostile rejection of the homemaking role«, »excessive demand for striving«, »over-possessiveness« und »harsh punitive control« (a. a. O., S. 393). Eine weitere unvollständige Faktorenanalyse wird von E. S. Schaefer (1961, S. 128) berichtet, die von der Endform des PARI ihren Ausgang nahm und zu einer Dreifaktorenlösung führte. Während bei der ersten Untersuchung 100 unverheiratete Krankenschwestern, die noch in der Ausbildung standen, als Versuchspersonen dienten, basiert die zweite Faktorenanalyse auf den

Berichten von 100 Frauen, die bereits Kinder hatten und die kurz nach der Geburt eines weiteren Kindes im Krankenhaus befragt worden sind.

Schließlich ist die Untersuchung von M. Zuckerman et al. (1958) zu erwähnen, die Daten von 222 Müttern von Kindergartenkindern, von älteren Kindern und von Müttern, die sich bei sozialen Aktivitäten von Kirchen beteiligten, verwendeten. Zu dieser Gruppe, die für die Normierung des Fragebogens verwendet wurden, kamen noch 191 Mütter hinzu, die entweder selbst oder deren Kinder in psychiatrischer Behandlung waren oder deren Kinder einer Erziehungsberatungsstelle zugeführt worden waren. Faktorenanalysen über die 23 Skalen des PARI wurden nach beiden Gruppen getrennt berechnet und, da sich keine wesentlichen Unterschiede ergaben, für beide Gruppen gemeinsam berichtet. Die Autoren kommen zu dem Schluß, daß eine Dreifaktorenlösung den Daten entspricht. Diese Faktoren wurden mit »authoritarian-control«, »hostility-rejection« und »democratic attitudes« benannt (M. Zuckerman et al., 1958, S. 171).

Für die Befragung von Vätern wurde von E. S. Schaefer und R. Q. Bell (1958b) ebenfalls ein Fragebogeninstrument ausgearbeitet, das in der Vorform aus 30 Kurzskalen bestand und in der Endform aus 25. Mit diesen Skalen wurde von R. C. Nichols (1962) eine Faktorenanalyse vorgenommen, die zu 5 Faktoren führte, deren Benennung teilweise ähnlich ist wie die aus der Untersuchung von M. Zuckerman et al. (1958): »authoritarian control«, »marital conflict«, »democratic attitudes«, »punishment orientation«, »firm discipline«. Als Versuchspersonen dienten 240 Väter. 138 Väter wurden im Rahmen einer Erziehungsberatungsstelle und 102 wurden brieflich befragt (ursprünglich 167). Eine zweite Faktorenanalyse der Vater-Form des PARI stammt von V. B. Cline et al. (1963). Diese Autoren gingen ebenfalls von der ursprünglichen 30-Skalen-Version des Väter-PARI aus. Sie analysierten die Antworten von 69 Vätern, die an verschiedenen Veranstaltungen über Kinderpsychologie teilnahmen. Nach ihren Ergebnissen halten sie 7 Faktoren für wesentlich, die wie folgt benannt sind: »authoritarian control«, »democratic attitudes«, »hostility-rejection«, »non-punishment«, »independence-achievement orientation«, »male dominance« und »seclusiveness«.

Auch ist noch eine Untersuchung von S. und E. Schludermann (1971 b) zu erwähnen, in welcher Daten einer 20-Skalen-Version des PARI, die von 75 Vätern stammten, einer FA und anschließend einer Varimaxrotation unterzogen wurden. Für die 5 sich dabei ergebenden Faktoren wurden die Bezeichnungen »male dominance«, »authoritarian discipline«, »suppression«, »paternal responsibility« und »power assertion« gewählt.

Abschließend muß hier noch eine Untersuchung von T. V. Busse (1969) angeführt werden, in welcher je 48 ausgewählte Items der Mutter- bzw. Vater-Form des PARI den Eltern in zwei Versionen vorgelegt wurden, einmal in der ursprünglichen Form und einmal mit umgepolter Antwortrichtung. Aus den bei 48 Müttern und Vätern erzielten Angaben isoliert Busse für die Mütter 6, für die Väter 8 Faktoren. Die Mütter-Faktoren lauten: »dissatisfaction with the homemaking role«, »suppression of aggression«, »matyrdom«, »traditional approach to child rearing«, »intrusiveness« und »control«. Die Väter-Faktoren wurden wie folgt benannt: »active role with children«, »dissatisfaction with the family role«, »strong marital ties«, »suppression of sex plus strictness«, »rigid, absolut standards« und »glorification of parents«. Diese Faktoren waren jeweils bipolar ausgeprägt.

5.1.2. Faktorenanalysen weiterer Fragebogenverfahren

Es existieren nicht mehr allzuviele Versuche, Dimensionen des elterlichen Erziehungsstils über den Weg der elterlichen Selbstbeurteilung zu erhalten (vgl. Tab. 3). Einige Untersuchungen, die im deutschen Sprachraum mit Verfahren zur elterlichen Selbstbeurteilung vorgenommen wurden (D. Bierhoff-Alfermann, B. Höcke-Pörzgen, 1974; E. H. Liebhardt, G. Liebhardt, 1971; W. Edelmann, 1969; U. Pulver, 1962; H. G. Jarecki, 1961), wurden nicht faktorenanalysiert, betrafen nur sehr enge Ausschnitte des Erziehungsverhaltens (N. Viernstein, 1972) oder aber die Methodenentwicklung wurde erst vor kurzem abgeschlossen (K. A. Schneewind et al., 1974b; A. Engfer et al., 1973).

Ein Fragebogen, der ebenfalls teilweise von einer übersetzten Form des PARI seinen Ausgang nahm, stammt von E. Littmann und E. Kasielke (1970); die 70 Items des Fragebogens wurden von den Autoren intuitiv nach ihrer »face-validity« neun Skalen zugeordnet. Die Faktorenanalyse der Interkorrelationen dieser Skalen ergab bei der Müttergruppe ($N=145$) drei Faktoren, die mit »autoritär-feindselige Erziehungseinstellungen«, »nachsichtig-milde Erziehungseinstellungen« und »überbesorgt-ängstliche behütende und bewahrende Erziehungseinstellungen« (a. a. O., S. 50 f.) benannt wurden. Die Analyse der Väterantworten ($N=35$) zeitigte ebenfalls drei Faktoren, die aber inhaltlich verschieden ausfielen: »autoritäre Verhaltenskontrolle«, »sachlich-distanzierte bzw. ablehnende Einstellung gegenüber dem Kind« und »Bevorzugung strenger bzw. strafender Erziehungsmaßnahmen und -techniken« (a. a. O., S. 57). Nachfolgende Faktorenanalysen dieses Fragebogens auf Itemebene (H. Lukesch, A. Tischler, 1975) ließen es als angebracht erscheinen, vier Faktoren für wesentlich zu erachten, und zwar »überbehütende Erziehungseinstellung«, »ablehnend-feindselige Erziehungshaltung«, »mild-nachsichtige Erziehungseinstellung« und »autoritäre Erziehungspraktiken«. Diese Faktorenstruktur wurde bei zwei Stichproben ($N_1=169$; $N_2=547$) und ebenfalls nach Müttern und Vätern getrennt gefunden.

Ferner sei noch eine Untersuchung von T. E. Dielman et al. (1971) erwähnt, bei der 156 Mütter bzw. 133 Väter einen Fragebogen aus 101 oder 68 Items beantworten mußten. In der nachfolgenden Faktorenanalyse ergaben sich 16 Mütter- und 18 Väter-Faktoren. Nach einer PROMAX-Rotation dieser Faktoren wurde die erhaltene Interkorrelationsmatrix zwischen den oblique rotierten Faktoren einer neuerlichen Faktorenanalyse unterzogen, aus der für die Mütter eine 8- und für die

Väter eine 7-Faktorenlösung resultierte. Die Benennung der Mütter-Faktoren erster Ordnung und ihre Beziehung zu den Mütter-Faktoren 2. Ordnung können aus der Tab. 4 entnommen werden.

Tab. 4: Bezeichnung der Faktoren erster und zweiter Ordnung der Analyse T. E. Dielmans et al. (1971) für die Mütter-Version

Patriarchial Family Structure	(1)
High Physical Punishment	(2)
Mother's Lack of Confidence	(3)
Low Involvement	(4)
High Use of Rewards in Child Rearing	(5)
Strict Discipline	(6)
Lack of Affection toward Child	(7)
Low Child Orientation	(8)
Low Use of Praise	(9)
Dislike of Intrusive Child Behavior	(10)
Promotion of Independence	(11)
Low Use of Discipline	(12)
Low Goals - Feeling of Inadequacy in Mother	(13)
Easily Annoyed by Child	(14)
Early Socialization	(15)
Permissiveness	(16)

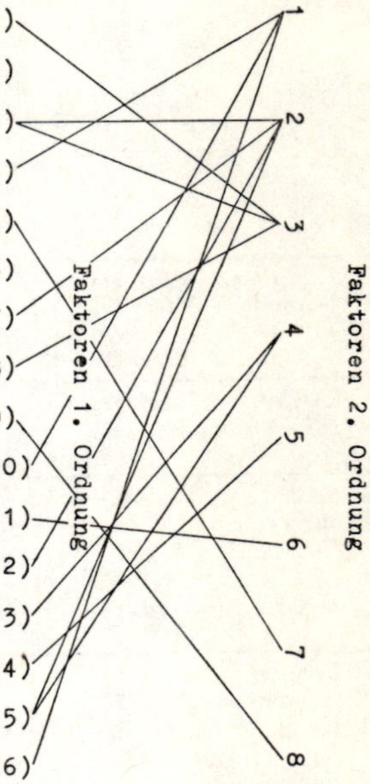

Ergänzend sei noch auf einige Arbeiten hingewiesen, in denen ebenfalls Faktorenanalysen über Fragebogenitems aus diesem Bereich gerechnet wurden (vgl. Tab. 5). Ohne einer Kritik vorgreifen zu wollen, muß man doch feststellen, daß die erhaltenen Dimensionierungsversuche elterlicher Selbstperzeptionen zu äußerst inhomogenen Ergebnissen geführt haben.

5.2. Dimensionen des perzipierten elterlichen Erziehungsstils

Ebenso zahlreich wie die Versuche, einen methodischen Zugang zu den verschiedenen Weisen der Erziehung über die Befragung von Eltern zu bekommen, sind die Rückschlüsse auf den elterlichen Erziehungsstil aufgrund der Auskünfte von Kindern (vgl. Tab. 6).
Die Bedeutung dieses methodischen Ansatzes, dem mindestens seit 80 Jahren nachgegangen wird (E. Barnes, 1894), geht aus der Bemerkung von D. P. Ausubel et al. hervor, die meinen, das elterliche Verhalten »effects the child's ego development only to the extent and in the form in which he perceives it« (1954, S. 173). Von der Vielzahl der angebo-

Tab. 5: Übersicht über weitere faktorenanalytisch konzipierte Modelle des selbstperzipierten elterlichen Erziehungsstils

Autor	Stichprobe	Faktorenbenennung
K. A. Schneewind et al. (1974 b)	Mütter und Väter (N=1356)	»neurotischer Erziehungspessimismus vs. selbstsicherer Erziehungsoptimismus« »positiver vs. negativer emotionaler Bezug zum Kind« »Toleranz vs. Intoleranz« »offene vs. reservierte Kommunikationsbereitschaft« »Indiskretion und Manipulation vs. diskrete Zurückhaltung« »forcierte vs. zurückhaltende elterliche Intervention« »Reflexion vs. Spontaneität« »geringer vs. starker Einfluß der Elternpersönlichkeit auf das Erziehungsverhalten« »Individualität vs. Konformität« »Konstanz vs. Inkonsistenz der Erziehungsintensität«
J. W. Mundt, M. Schmidt (1973)	Mütter und Väter (N=90) Mütter und Väter (N=90)	»Restriktion kindlicher Bedürfnisse« »unterstützte Anpassung« »Restriktion kindlicher Bedürfnisse« »Unterstützung kindlicher Aktivitäten«
G. Kärrby (1971)	Ehepaare (N=137)	»control« »nurturance-rejection« »leniency-strictness«
W. Seitz et. al. (1970)	Väter (N_1=50) und Mütter (N_2=52)	»inquisitorische Dominanz« »aggressive Strenge aufgrund eigener Unzufriedenheit mit der Vater-(Mutter-)Rolle« »Toleranz für kindliche Affekte« »Förderung von Zukunftspessimismus« »Überprotektion«
W. Seitz, P. Jankowski (1969)	Mütter (N=47[?])	»gefühlskalte Strenge, Forderung nach Disziplin« »Strenge und Abhärtung zur Vorbereitung des Jungen« »geringe Intensität der ›Persönlichkeits‹-Erziehung« »mütterliche Einsicht in die Notwendigkeit, das Durchsetzungsvermögen des Jungen fördern zu müssen« »Freizügigkeit für die Persönlichkeitsentfaltung des Jungen« »Bescheidenheit der Mutter« »Überprotektion«
	Väter (N=47[?])	»Abhärtung zu männlicher Selbständigkeit und Belastungstoleranz« »Unzufriedenheit mit der Vaterrolle« »Behütung« »inquisitorische Dominanz des Vaters« »(verständnisvolle) Sorge um die Persönlichkeitsentwicklung des Jungen« »Forderung von Distanz und Mißtrauen des Jungen zu seiner Mitwelt« »ärgerlich-aggressive Einstellung zu dem Jungen« »Forderung nach moralischer Disziplin« »Beschneidung der Wünsche des Jungen« »Betonung der Bedeutung der väterlichen Erziehungsfunktion«
M. C.-L. Gildea et al. (1961)	Mütter (N=826)	»certainty of opinion concerning child rearing doctrine and practices« »controlling the behavior of the child« »parental protection of the child«

Tab. 6: Verfahren zur Erfassung des perzipierten Erziehungsstils

Test of Personality Adjustment (C. R. Rogers, 1931)
Adjustment Inventory (H. M. Bell, 1934)
Child's report (R. S. Hayward, 1935)
Affection-Aversion-Scale (R. Stagner und N. Drought, 1935)
Intra-family relationships (T. R. Myers, 1935)
Prohibitions (D. W. MacKinnon, 1938)
California Test of Personality (L. P.Thorpe, W. W. Clark und E. W. Tiegs, 1939)
Aspects of parental behavior (J. P. Anderson, 1940)
Parent-adolescent adjustment (L. H. Stott, 1941)
Affectional family relationships (A. W. Brown, J. Morrison und G. B. Couch, 1974)
Rating child-parent relationships (G. E. Swanson, 1950)
Homelessnessmeasurement (G. Elias, 1952)
Intra-family Attitudes (W.Itkin, 1952)
Perceived parent attitudes (D. P. Ausubel, E. E. Balthazar, I. Rosenthal, L. S. Blackman, S. H. Schpoont, J. Welkowitz, 1954)
Minnesota counceling inventory (H. M. Berdie und W. L. Layton, 1957)
Parental authority-love statements test (W. C. Williams, 1958)
Parent evaluation scales (J. B. Cooper und M. A. Blair, 1959)
Maternal child-rearing practices (A. B. Heilbrun, 1960)
Child-rearing attitudes (N. Garmzy, A. R. Clarke und C. Stockner, 1961)
Parent behavior questionaire (U. Bronfenbrenner, 1961)
Parent-child relations questionaire (A. Roe und M. Siegelman, 1963)
Child's perception of the parent (B. C. Rosen, 1964)
Children's reports of parental behavior (E. S. Schaefer, 1965)
Parental punitiveness toward aggression (R. Epstein und S. S. Komorita, 1965)
Parent evoluation scales - short form (J. B. Cooper, 1966)
Parental discipline (M. R. Roberts, L. M. Cooper, 1967)
Fragebogen zum Elternverhalten (B. Minsel und B. Fittkau, 1971)
Family harmony (M. J. Paulson et al., 1972)
Marburger Skalen zur Erfassung des elterlichen Erziehungsstils (K. H. Stapf et al., 1972)
Punitivitätsdifferential (N. Viernstein, 1972)
Erlebter Erziehungsstil (E. Littmann, 1973)
Perzipierte elterliche Erziehungsstile (E. H. Bottenberg et al., 1973)
Formen elterlicher Bekräftigung (H. Ch. Heinrich, 1974)
Perzipierte mütterliche Erziehungseinstellungen (K. A. Schneewind et al., 1974)
Perzipiertes Mutterverhalten (I. Graudenz, 1974)

tenen Verfahren wurden allerdings nur der geringere Teil auf seine faktorielle Validität hin überprüft oder mit Hilfe der Faktorenanalyse konstruiert. Diese Versuche seien hier kurz besprochen.

Eines der Verfahren, das auf seine faktoriellen Dimensionen hin untersucht wurde (M. Siegelman, 1965) stammt von U. Bronfenbrenner (1961). Seine 45 Items sind 15 Bereichen zugeordnet (nurturance, affective reward, instrumental companionship, affiliative companionship, prescriptive, social isolation, expressive rejection, physical punishment, deprivation of privileges, protectiveness, power, achievement demands, affective punishment, principled discipline, indulgence). Die vier von Siegelman durchgeführten Faktorenanalysen der väterlichen und mütterlichen Erziehungsstilschilderungen durch Buben und Mädchen ergaben drei hinlänglich stabile Faktoren, die mit

»loving«, »punishment« und »demanding« bezeichnet wurden. Diese Faktorenstruktur konnte in einer zweiten Untersuchung an anderen Stichproben (M. Siegelman, 1966) ebenfalls gefunden werden.
Ein Fragebogen, der von A. Roe und M. Siegelman (1963) konzipiert wurde, geht von Elternratings aus, die 10 Bereichen zugeordnet waren (loving, protecting, demanding, rejecting, neglecting, casual, symbolic-love reward, direct-object reward, symbolic-love punishment, direct-object punishment). Aus den Interkorrelationen dieser 10 Subskalen für Väter- und Mütterperzeption wurden bei drei verschiedenen Stichproben (142 Harvard-Studenten, 44 männliche und 44 weibliche Erwachsene) je drei ähnliche Faktoren extrahiert; der erste wurde mit »loving-rejecting« benannt, der zweite mit »casual-demanding« und der dritte mit »overt concern for the child«.
Ein weiteres Instrument (CRPBI = Child's Report of Parental Behavior Inventory) zur Erfassung der Elternperzeptionen wurde von E. S. Schaefer (1965a) aus einer Vorform (L. F. Droppleman, E. S. Schaefer, 1963) entwickelt. Dieser Fragebogen umfaßt 26 Skalen, die mit jeweils 10 Items verschiedene Aspekte der Elternperzeption erfassen (extreme autonomy, lax discipline, moderate autonomy, encouraging sociability, positive evaluation, sharing, expression of affection, encourages independent thinking, emotional support, equalitarian treatment, intellectual stimulation, child-centeredness, possessiveness, protectiveness, intruisiveness, suppression of aggression, strictness, punishment, control through guilt, parental direction, nagging, negative evaluation, irritability, rejection, neglect, ignoring). Aus den Interkorrelationen dieser Skalen wurden bei zwei Gruppen (die erste setzte sich aus 85 Buben, 81 Mädchen und 80 delinquenten Buben, die zweite aus 154 erwachsenen Armeeangehörigen und 108 Patienten zusammen) je drei Faktoren für die Vater- und Mutterperzeptionen berechnet (E. S. Schaefer, 1965b). Aufgrund der Ladungen der einzelnen Skalen werden diese Faktoren mit »psychological autonomy versus psychological control«, »acceptance versus rejection« und »lax control versus firm control« bezeichnet.

Mit diesem Verfahren von Schaefer wurden eine Reihe anderer Untersuchungen durchgeführt, die u. a. die Stabilität der gefundenen Faktoren auch bei einer ins Französische übersetzten Form ergaben (G. J. Renson et al., 1968), in denen nach Mittelwertsunterschieden in der Elternperzeption von Stotterern und Nichtstotterern gesucht wurde (K. H. Bourdon, D. E. Silber, 1970) und die ferner die Stabilität der Faktorenstruktur über verschiedene Altersgruppen bestätigten (J. A. Armentrout, G. K. Burger, 1972 a, b). Ebenso wurden einige Vorschläge erarbeitet, die Faktoren auf verschieden direkte Weise zu messen (G. K. Burger et al., 1973; G. K. Burger, J. A. Armentrout, 1971a, b; J. A. Armentrout, G. K. Burger, 1972b; S. Schludermann, E. Schludermann, 1971a).

Am Rande sei auch noch eine Untersuchung von M. J. Paulson et al. (1972) erwähnt, in welcher 210 studentische Vpn den PARI (Mutter-

Version) so beantworten mußten, wie es ihrer Meinung nach ihre Eltern gemacht hätten. Die FA der Interkorrelationen der 23 Subskalen ergab nach einer Varimaxrotation drei Faktoren, die mit »parental authority«, »family harmony« und »involvement« bezeichnet wurden. Diese Methode wurde auch von anderen angewandt (A. B. Heilbrun, 1969, 1960a, b), ohne daß aber gesonderte Faktorenanalysen vorgenommen worden wären.

Im deutschen Sprachraum gibt es ebenfalls einige Ansätze der Methodenkonstruktion im Bereich des perzipierten Erziehungsstils. Vor allem erwähnt werden muß die Konzipierung der »Marburger Skalen zur Erfassung des elterlichen Erziehungsstils« (Th. Herrmann et al., 1971). Die über verschiedene Zwischenschritte (Th. Herrmann, A. Stapf, 1968; Th. Herrmann et al., 1968; K. H. Stapf et al., 1972) konstruierten Skalen sind zur Erfassung zweier als voneinander unabhängig konzipierter Aspekte der elterlichen Bekräftigung gedacht, nämlich »elterlicher Strenge« und »elterlicher Unterstützung«. Werte für diese beiden elterlichen Perzeptionen durch Mädchen liegen ebenfalls vor (H. Lukesch, A. Tischler, 1975a), sowie auch der Vorschlag einer revidierten Skala für Mädchen (H. Ch. Heinrich, 1974).

Obwohl es sich bei diesem Verfahren nicht um ein aus vorliegenden Daten extrahiertes Modell der Wahrnehmung von Eltern aus der Sicht von Kindern handelt, sondern um ein a-priori-Modell, für welches die entworfenen Skalen Operationalisierungsversuche darstellen, konnte gezeigt werden (K. H. Stapf et al., 1972, S. 108), daß diese Skalen auch das Modell der Faktorenanalyse optimal erfüllen. Für diese Skalen, die also schon durch die Art der Konstruktion ausgezeichnet sind, ergab sich auch bei bisherigen Validierungsstudien eine Anzahl konsistent vorhergesagter Ergebnisse (A. Stapf, 1974; E. H. Fink, 1974; K. Sturzebecher, Th. Herrmann, 1974; K. H. Stapf et al., 1972, S. 114), und sie erwiesen sich zur Diskrimination mütterlichen Verhaltens in Laborsituationen brauchbar (A. Stapf, 1973).

In einem anderen Fragebogen wurden mit einem ad hoc Entwurf von Items aus verschiedenen Bereichen mittels der Faktorenanalyse von B. Führ (1970) ebenfalls zwei Dimensionen lokalisiert, die mit »Aufgeschlossenheit und Verständnis« bzw. mit »Kontrolle und Leistungserwartungen bezüglich der Schule« bezeichnet wurden (B. Minsel, B. Fittkau, 1971, S. 79). Die Untersuchung wurde an 311 Schulkindern im Alter zwischen 10 und 12 Jahren vorgenommen; von den ursprünglichen 71 Items des Fragebogens waren 23 zur Erfassung der beiden Dimensionen geeignet.

Unter anderem konnte mit diesem Verfahren gezeigt werden, daß die Skala »Aufgeschlossenheit und Verständnis« bei Kindern signifikant negativ mit »negativer Selbstkommunikation« zusammenhängt, die Skala zur Erfassung der erlebten elterlichen »Leistungserwartung« aber positiv mit dem Ausmaß an Selbstdirigierung und an »positiver Selbstkommunikation« (H. Quitmann et al., 1974, S. 196). Bei den mit einer analogen Testform untersuchten Eltern zeigte sich bei den Vätern ebenfalls der negative Zusammenhang von Aufgeschlossenheit und negativer Selbstkommunikation, bei Vätern und Müttern zusätzlich jeweils signifikant positive Korrelationen mit dem Ausmaß an positiver Selbstkommunikation (a. a. O., S. 198).

In ähnlicher Weise wurde bei vier Konstruktionen von E. H. Bottenberg et al. (1973) vorgegangen: aus den Interkorrelationen von 150 bzw. 81 Items, die bei Stichproben von Soldaten (N=190) und delinquenten Jugendlichen (N=204) gewonnen wurden, konnten für die Vater- und Mutterperzeption zwei Skalen konstruiert werden, die den Faktoren »Zurückweisung-Feindseligkeit« und »Zuneigung-Fürsorge« entsprachen.

Abschließend sei noch die Skalenkonstruktion von K. A. Schneewind et al. (1974a) erwähnt. Hier wurde zuerst von einer möglichst umfassenden Aufzählung erziehungsrelevanter Einstellungsbereiche (A. Engfer et al., 1973) ausgegangen, die für elterliche Selbstperzeptionen des Erziehungsstils konzipiert waren und dann für die Perzeption mütterlicher Erziehungseinstellungen entsprechend umformuliert worden sind. Mittels eines Vorgehens, bei dem ebenfalls Gebrauch von Faktorenanalysen gemacht wurde, konnten sieben Dimensionen eruiert werden, denen die Items zugeordnet sind: »Nachsichtigkeit versus Verständnislosigkeit«, »Toleranz versus Kontrolle«, »Durchsetzung mütterlicher Vorstellungen versus Nachgiebigkeit«, »Manipulation und Appell an das kindliche Mitgefühl«, »Einfühlungsfähigkeit versus mangelndes Einfühlungsvermögen«, »Unterstützung versus mangelnde Hilfsbereitschaft« und »Kontaktsuche versus Distanzierung«.

Obwohl die Ergebnisse für diesen Aspekt der Erziehungsstilforschung ebenfalls nicht zu völliger Übereinstimmung in der Anzahl der als relevant erachteten Dimensionen geführt haben, zeichnet sich hier doch eine größere Ähnlichkeit der Faktoren ab, als bei den Untersuchungen zur elterlichen Selbstperzeption. Vor allem scheint eine Einordnung der Aspekte der Elternwahrnehmung in ein Dreiersystem, wie es etwa in dem Übersichtsreferat von P. C. Goldin (1969) vorgenommen wurde, den Ergebnissen teilweise angemessen.

5.3. Dimensionen der Eltern-Kind-Interaktion

Wie bereits angemerkt, besteht noch ein direkterer Zugang zur Erfassung elterlicher Erziehungsstile, und zwar über Verhaltensbeobachtung. Unter diesem Punkt sollen auch noch die Arbeiten erwähnt werden, in denen aus Interviewdaten Rückschlüsse über Grunddimensionen des elterlichen Erziehungsstils gemacht werden. Dies u. a. aus dem Grund, weil zwischen der Auswertung von Verhaltensbeobachtungen und von Elterninterviews methodische Ähnlichkeiten bestehen: in beiden Fällen kommen die auswertbaren Daten erst durch den Filter eines oder mehrerer Beobachter zustande. Allerdings werden sich die Auskünfte von Eltern oder Kindern aus Interviews nicht nur auf den Verhaltensbereich (Erziehungspraktiken) beschränken, sondern auch auf die Einstellungsebene beziehen. Das Problem, das zum Suchen nach einzelnen übergeordneten Dimensionen führte, ist bei beiden Varianten des Vorgehens aber das gleiche wie bei den Fragebogenerhebungen: wenn man nämlich sehr viele Einzelmerkmale (oder bei Fragebögen Items bzw. Subskalen) unterscheidet, so läuft man Gefahr, daß man den Wald vor lauter Bäumen nicht mehr sieht, d. h. die Einzelmerkmale, die in einem Gebiet feststellbar sind, können nicht mehr überblickt werden; also versucht man, diese Merkmale mittels (nachprüfbarer) Verfahren zu gruppieren. Hat man solche Variablengruppen oder Grunddimensionen identifiziert, so kann man von diesen aus auch leichter Auswirkungen dieser Merkmale auf andere Bereiche feststellen. Ein solches Verfahren ist an und für sich sehr vielversprechend, allerdings nur unter der Voraussetzung, daß es zu konvergierenden Ergebnissen führt. Wie man aus der Übersicht über solche Arbeiten aber ersehen kann (vgl. Tab. 7), ist dies nicht uneingeschränkt der Fall. Läßt man einmal Unterschiede, die im verschiedenen Sprachgebrauch begründet sind (E. S. Schaefer [1959] spricht z. B. von der Dimension »autonomy-control«, R. R. Sears et al. [1957] von »permissiveness-strictness«, A. L. Baldwin et al. [1945] von »indulgence«), außer acht, so bleibt doch die Tatsache bestehen, daß die einzelnen Analysen zu einer verschiedenen Anzahl von als wichtig erachteten Dimensionen geführt haben, und dies bedeutet in der Sprache der Faktorenanalyse zu qualitativ verschiedenen Ergebnissen.

Ein Weg aus diesem Dilemma bestand nun darin, daß man diese divergierenden Ergebnisse empirischer Analysen so lange umformte, bis sie als übereinstimmend angesehen werden konnten. Ansatzweise wurde dieses Vorgehen schon von A. Roe (1957) gewählt, als sie — ausgehend von einer Zweiteilung elterlichen Verhaltens gegenüber dem Kind — verschiedene Erziehertypen unterscheidet, welche sich in insgesamt sechs verschiedenen konkreten Formen erzieherischen Handelns aufteilen lassen (vgl. Abb. 7).

Dies geschah aber auch dadurch, daß man sich bei der Interpretation nur auf eine überschaubare Anzahl von »wichtigen« der auffindbaren Dimensionen beschränkte und diese auch bei verschiedener Benennung durch andere Autoren als repliziert und daher als bewährt ansah. Ein Beispiel für ein solches Vorgehen ist das Modell für mütterliches Verhalten, das E. S. Schaefer (1959) vorstellt (vgl. Abb. 8).

Allerdings wird die durch dieses Modell nahegelegte Auffassung, daß mütterliches Verhalten im wesentlichen durch die Dimensionen »hostility-love« und »autonomy-control« markiert werden kann, als »hypothetisch« bezeichnet. Mit dieser Bezeichnung wird der Tatsache Rech-

Tab. 7: Dimensionen des Erziehungsstils, die aus Interviews oder Verhaltensbeobachtungen erschlossen wurden.

Autor	Stichproben-kennzeichnung	Variablen-anzahl	Ausganspunkt für die Interpretationen	Dimensionsbezeichnung
H. E. Jones, N. Bayley, 1941	Verhaltensbeobachtungen von Müttern (N=56) mit ihren Kindern (Ø-3 Jahre)	18	Circumplex-Anordnung nach Centroidextraktion (Analyse von E. S. Schaefer, 1959)	»autonomy — control« »love — hostility«
R. N. Sanford et al. (1943)		8	Circumplex-Anordnung nach Centroidextraktion (Analyse von E. S. Schaefer, 1959)	»autonomy — control« »love — hostility«
A. L. Baldwin et al. (1945)	Interviewratings von Müttern (N=44)	30	Syndromanalyse	»acceptance« »indulgence« »democracy«
		30	Clusteranalyse (Analyse von V. J. Crandall, A. Preston, 1955)	»affection« »protective« »coactive control«
		30	Schiefwinkelige Rotation (Analyse von M. Roff, 1949)	»concern for child« »democratic guidance« »permissiveness« »parent-child harmony« »sociability-adjustment of parents« »activeness of home« »non-readiness of suggestion«
		7	Orthogonale Rotation der obliquen Faktoren von M. Roff (Analyse von M. Lorr, R. L. Jenkins, 1953)	»satisfaction and encouragement of child's dependence on the parent« »democratic values in child training« »organization and effectiveness of control in the home«
W. H. Sewell et al. (1955)	Interviewratings von Eltern (N=162) fünf- und sechsjähriger Kinder	38	Schiefwinkelige Rotation	»permissiveness in early feeding« »permissiveness in toilet training« »parent-child interaction« »nonpunitive treatment« »promotion of independence« »casual treatment« »non-insistence« F 8 nicht interpretiert

V. J. Crandall, A. Preston (1955)	Interviewratings von Müttern (N=44)	30	Cluster-Analyse	»affection« »protectiveness« »coactive control« »coercive control«
R. R. Sears et al. (1957)	Interviewratings von Müttern (N=379) fünfjähriger Kinder	44	Varimax-Rotation	»permissiveness — strictness« »general family adjustment« »warmth of mother-child relationship« »responsible child-training orientation« »aggressiveness and punitiveness« »perception of husband« »orientation toward child's physical well-being«
W. C. Becker et al. (1959)	Interview-, Fragebogen- und demographische Daten von Müttern (N=57) und Vätern (N=57)	46	Quartimax-Rotation	»general family maladjustment« »child personality problem« **»adjustment«** »protectiveness (concern for child)« »democracy of policy« »sozioökonomischer Status« »agreeableness and cooperativeness« »extraversion/general adjustment« »permissiveness/warm, extraversion« F 10 nicht interpretiert
E. S. Schaefer et al. (1959)	Interviewratings von Müttern (N=34) mit 9—14jährigen Kindern	18	Circumplex-Anordnung nach Centroidextraktion (Analyse von E. S. Schaefer, 1959)	»autonomy — control« »love — hostility«
W. C. Becker et al. (1962)	Interviewratings von Müttern (N=71)	71	Varimax-Rotation	»warmth — hostility« »permissiveness — restrictiveness« (routines) »mother's perception of father« »childrearing anxiety« **»unresponsiveness — responsiveness«** »high/low status orientation« »mother/father authority« »low/high sex anxiety« »permissiveness — restrictiveness (sex and aggression)« »high/low physical punishment«

Autor	Stichproben-kennzeichnung	Variablen-anzahl	Ausgangspunkt für die Interpretationen	Dimensionsbezeichnung
	Interviewratings von Vätern (N=71)	64	Varimax-Rotation	»warmth — hostility« »high/low sex anxiety« »wife more strict/less strict than husband« »independent mindedness (demanding) / passiveness« »strictness (severe)/laxness« »childrearing anxiety« »permissiveness / restrictiveness (routines)« »high/low physical punishment« »negative/positive evaluation of wive«
L. Minturn, W. W. Lambert (1964)	Interviewratings von Müttern aus 6 Kulturen (N=133)	28	Centroidextraktion und schiefwinkelige Rotation	»responsibility training« »warmth of mother« »aggression-training, peer-directed aggression« »proportion of time that mother cared for baby« »proportion of time that mother cares for baby« »aggression training, mother-directed aggression« »emotional instability« »noncontingent nurturance (?)« »mutuality of aggression expression (?)« F 10 nicht interpretiert
J. S. Hatfield et al. (1967)	Verhaltensbeobachtungen von Müttern (N=40) mit ihren Buben und Mädchen	28	Centroidextraktion	»laissez-faire — involvement« »hostility — love«
G. G. Stern et al. (1969)	Verhaltensratings von Mutter- und Kindvariablen (N=30)	79	Equamax-Rotation	»motherliness« »dependency on the child (1)« »social achievement needs« »personal disorganization« »marital indulgence« »restrict of infant's self-stimulatory activities« »harm avoidance« »dependency on the child (2)« »disorganized behavior«

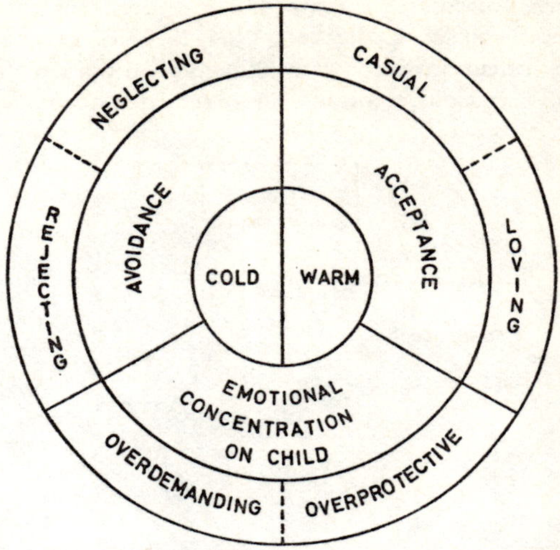

Abb. 7: Das hypothetische Modell des elterlichen Verhaltens von A. Roe (1957)

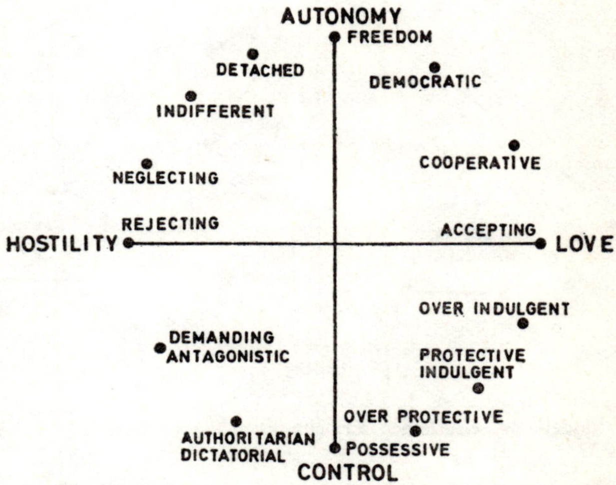

Abb. 8: Hypothetisches Modell des mütterlichen Erziehungsverhaltens nach E. S. Schaefer (1959, S. 232)

nung getragen, daß der Autor sein Modell nicht als Abbildung (Modell) der Wirklichkeit (d. h. der von ihm gefundenen Daten) betrachtet, sondern nur als ein heuristisches Schema, das vorerst einmal bei der Suche nach übergeordneten Merkmalskomplexen angesetzt werden kann.

Ein ähnlicher Vorschlag zur Einordnung von elterlichen Verhaltensweisen stammt von W. C. Becker (1964, S. 175). Er erweitert allerdings die als bedeutsam erachteten Dimensionen um eine, die er »calm detachment — anxious emotional involvement« nennt (vgl. Abb. 9).

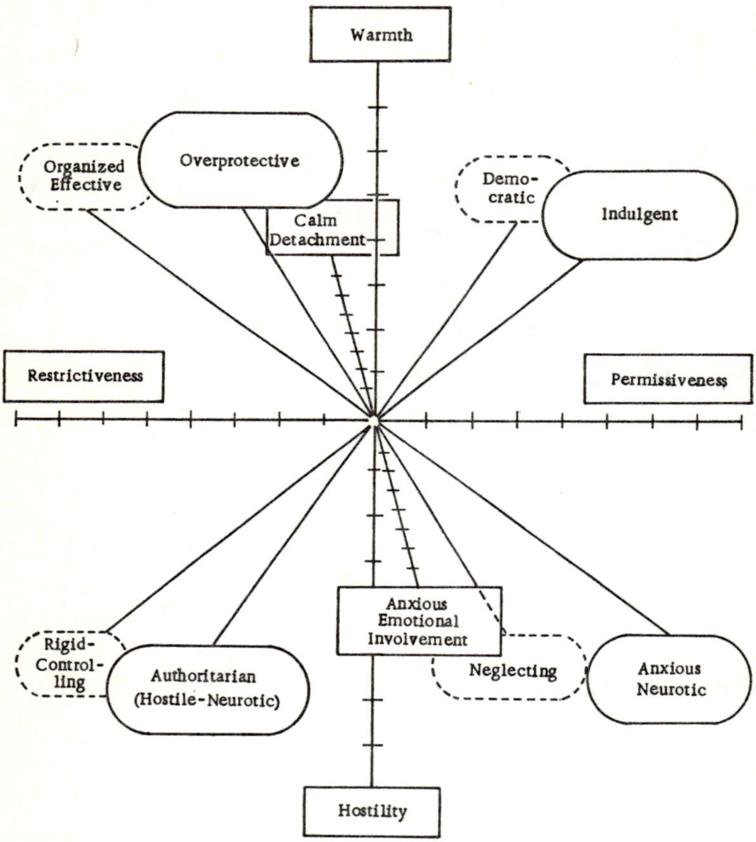

Abb. 9: Modell des elterlichen Erziehungsverhaltens nach W. C. Becker (1964, S. 175)

Nimmt man eine alternative Ausprägung der Erzieherverhaltensweisen auf diesen drei Merkmalsdimensionen an, so kommt man zu der Unterscheidung von acht Erziehertypen. Wie bereits bei der Gegenüberstellung der Lewin'schen Modellvorstellungen über Erziehertypen mit der dimensionsorientierten Auffassung von Tausch zu sehen war, können aus dimensionalen Konzepten typologische Ansätze (allerdings unter einem gewissen Informationsverlust) abgeleitet werden.

Schließlich sei noch auf ein Modell verwiesen (P. E. Slater, 1962), das ebenfalls von zwei Dimensionen des elterlichen Erziehungsstils seinen Ausgang nimmt (»warmth — coldness«, »strictness — permissiveness«), durch deren Kombination wieder verschiedene Erziehertypen zustande kommen (»involvement«, »detachment«, »tolerance«, »intolerance«) und das auch durch die festgestellten Auswirkungen des elterlichen Erziehungsstils auf die Persönlichkeitsentwicklung von Kindern eine gewisse pragmatische Bedeutsamkeit besitzt.

5.4. Kritik der faktorenanalytischen Konzepte des Erziehungsstils

Die empirischen Arbeiten, in denen versucht wird, Grunddimensionen des Erziehungsstils zu isolieren, erscheinen von ihrer Zahl her als imponierend, betrachtet man aber die Ergebnisse, so scheint eher das Gegenteil der Fall zu sein. Um diese Behauptung zu begründen, soll auf einer untersten Ebene auf die Beurteilung der technischen Qualität der Anwendung der eingesetzten statistischen Ordnungsverfahren eingegangen werden. In einem zweiten Schritt soll dann geprüft werden, inwieweit die Modellvorstellungen, die mit den angewandten statistischen Verfahren verbunden sind, auch den Annahmen entsprechen, die man über den anstehenden Problembereich Erziehungsstile zu machen geneigt ist. Diese Überlegungen sollen noch durch Anmerkungen über die pragmatische Fruchtbarkeit dieses Ansatzes in der Erziehungsstilforschung ergänzt werden. Ausgeschlossen werden muß die Diskussion der verwendeten Methoden selbst, d. h. der mit Fragebogen-, Interview- oder Verhaltensdaten verbundenen methodisch-spezifischen Kritik (z. B. methodeneigene Verzerrungen im Sinne von Antwortstilen und Antworttendenzen, Frage der Generalisierbarkeit von Laboruntersuchungen, Relevanz der untersuchten Verhaltensstichproben, Interviewer- und Beobachtereinflüsse).

5.4.1. Bemerkungen zu Aspekten der technischen Beurteilung der angewandten Verfahren

Die in den untersuchten Arbeiten am häufigsten verwendete statistische Methode war die Faktorenanalyse. Nun ist es gerade bei komplexeren statistischen Auswertungsverfahren so, daß diese mehr Voraussetzungen machen als einfachere Verfahren. Es würde hier zu weit gehen, wenn man die Erfüllung aller notwendigen und hinreichenden Bedingungen, die an die Anwendung der Faktorenanalyse gebunden sind, in den untersuchten Artikeln überprüfen wollte (Schemata für eine solche Beurteilung wurden von H. Lukesch und G. D. Kleiter [1975] sowie von K. Überla [1968, S. 355 ff.] ausgearbeitet). Vielmehr soll der Frage nachgegangen werden, ob die durchgeführten Analysen (und die sich ergebenden Faktoren) in der Lage sind, das für die Faktorenanalyse verwendete Ausgangsmaterial adäquat wiederzugeben.

(1) Varianzaufklärung durch die Faktorenanalyse. Die Faktorenanalyse ist ein Verfahren, mit dem ursprünglich erhobene Variable, die miteinander korreliert sind, in neue Variable transformiert werden, die miteinander nicht mehr korrelieren. Bekanntlich kann eine Faktorenanalyse nur dann die ursprüngliche Korrelationsmatrix zwischen den in die Analyse eingehenden Variablen wiedergeben, wenn eine vollständige Faktorenlösung berechnet wird (d. h. so viele Faktoren extrahiert werden wie ursprüngliche Variable vorhanden sind). Da diese Faktoren im Gegensatz zu den ursprünglichen Variablen den Vorteil haben, daß sie miteinander nicht mehr korreliert sind, kann der Forscher die Interpretation seiner Ergebnisse (z. B. Beschreibung der Auswirkungen eines Faktors) unabhängig von der Betrachtung der anderen Faktoren vornehmen.

Allerdings ist dies nicht die Intention, die man üblicherweise mit der Durchführung einer Faktorenanalyse verbindet. Von den neuen Variablen (also den Faktoren) wird ja nur mehr ein Teil als wesentlich betrachtet, und zwar diejenigen, welche den Großteil der Varianz der ursprünglichen Variablen ausmachen. Die Faktorenanalyse wird somit dazu verwendet, größere Variablenmengen auf eine überschaubare Zahl von Faktoren zu reduzieren, also als eine ökonomische und einfachere Wiedergabe der ursprünglichen Daten. Aus diesen Ansprüchen, die mit der Anwendung von Faktorenanalysen verbunden sind, ergibt sich die Forderung, daß diese Faktoren auch die einzelnen Variablen hinreichend genau wiedergeben müssen. Technisch gesprochen heißt dies, daß der Großteil der Varianz der ursprünglichen Variablen durch die Faktorenanalyse erklärt werden muß (der Prozentsatz der Varianzaufklärung ist übrigens auch ein Abbruchkriterium [K. Überla, 1968, S. 124] für die Zahl der zu extrahierenden Faktoren). Untersucht man die Arbeiten zum Erziehungsstil auf dieses Kriterium (vgl. Tab. 8, Sp. 7), so zeigt sich, daß die vorgenommenen Analysen nur einen geringen (20 — 40 %) bis mittleren (40 — 60 %) Prozentsatz der Varianz erklären. Von diesem Gesichtspunkt her sind die Analysen also schon nicht geeignet, den mit ihnen verbundenen Anspruch einer ökonomischen Beschreibung von Daten zu gewährleisten. Interpretationen, die auf der Ebene der Faktoren ansetzen, berücksichtigen daher nur mehr einen Teil der Information, die in den Daten enthalten ist, wobei es außerdem nicht zu entscheiden ist, ob die durch die Faktorenanalyse nicht berücksichtigte Information nicht unter Umständen für die Beantwortung bestimmter Fragen wesentlich ist.

(2) Reproduktion von Einzelvariablen. Der obige Gesichtspunkt der Betrachtung der durch eine Faktorenanalyse geleisteten Erklärung der Gesamtvarianz einer Korrelationsmatrix kann noch ergänzt werden

Tab. 8: Technische Gesichtspunkte zur Beurteilung dimensionsorientierter Erfassungsversuche von Erziehungsstilen

(1) Selbstperzipierter Erziehungsstil

Autor	Stichprob.-größe	Variablen-anzahl	Faktoren-anzahl	Kommunalität niedrigste	Kommunalität höchste	Varianz-aufklärung %
E. S. Schaefer, R. Q. Bell (1957)	100	24	5	.19*	.58*	38*)
M. Zuckerman et al. (1958)	413	25	3	.14	.67	48*
M. C.-L. Gildea et al. (1961)	826	17	3	.03	.75	36*
R. C. Nichols (1962)	240	15	5	.25	.80	53*
V. B. Cline et al. (1963)	69	30	7	.52	.80	66*
W. Seitz, P. Jankowski (1969)	47(?) 47(?)	98 98	8 10	k. A.	k. A.	k. A.
T. V. Busse (1969)	48 48	k. A. **)	6 8	k. A.	k. A.	k. A.
E. Littmann, E. Kasielke (1970)	145 35	13 8	3 3	.37 .07	.79 .98	58 60
W. Seitz et al. (1970)	50 52	81 81	8 10	k. A.	k. A.	k. A.
T. E. Dielman et al. (1971)	156 133	101 68	16 18	k. A.	k. A.	k. A.
S. Schludermann, E. Schludermann (1971 b)	75	20	5	.02	.73	53
J. W. Mundt, M. Schmidt (1973)	90 90	28 32	2 2	.02 .01	.54 .59	24 28
H. Lukesch, A. Tischler (1974)	169 556	53 53	4 4	.04 .08	.65 .47	34 29
K. A. Schneewind et al. (1974 b)	1356	61	10	.09	.31	45

→

durch die Betrachtung der Varianzaufklärung bei den einzelnen Variablen. Die Kommunalitäten (d. h. der Anteil einer Variable, der durch die gemeinsamen Faktoren in allen Variablen erklärt wird) sind zum Teil fast verschwindend gering; dies vor allem dann, wenn Faktorenanalysen auf Itemebene durchgeführt wurden (vgl. Tab. 8, Sp. 5). Daraus kann man mit Sicherheit den Schluß ziehen, daß immer dann, wenn die sich ergebenden Faktoren als hinreichende Beschreibung der ursprünglichen Variablen aufgefaßt werden, wesentliche Komponenten der reliablen Varianz willkürlich unberücksichtigt bleiben.

Dieser Sachverhalt wurde von Th. Kalveram (1970, S. 112) als Argument gegen die Faktorenanalyse überhaupt ins Spiel gebracht; es gelingt nämlich in vielen Fällen der Faktorenanalyse nicht, eine ökonomischere Beschreibung der Ausgangsdaten zu liefern. Wenn ein solcher

(2) Fremdperzipierter Erziehungsstil

Autor	Stichprob.-größe	Variablen-anzahl	Faktoren-anzahl	Kommunalität niedrigste	Kommunalität höchste	Varianz-aufklärung %
A. Roe, M. Siegelman (1963)	142	10	3	.03*	.73*	45*
	142	10	3	.05*	.68*	48*
	44	10	3	.33*	.73*	55*
	44	10	3	.18*	.75*	52*
	44	10	3	.26*	.70*	56*
	44	10	3	.05*	.81*	55*
E. S. Schaefer (1965 b)	246	26	3	.35*	.88*	63*
	246	26	3	.44*	.98*	72*
	262	26	3	.30*	.93*	69*
	262	26	3	.29*	.78*	60*
M. Siegelman (1963)	74	15	3	.32	.77	62
	81	15	3	.31	.66	54
	124	15	3	.10	.73	54
	131	15	3	.05	.72	48
M. Siegelman (1966)	110	15	3	.18	.77	.55
	113	15	3	.27	.67	56
	116	15	3	.33	.78	56
	120	15	3	.38	.70	52
M. R. Roberts, L. M. Cooper (1967)	50	37	6	.20	.76	49
	50	37	6	.24	.63	46
G. J. Renson et al. (1968)	182	18	3	.42*	.85*	66*
B. Minsel, B. Fittkau (1971)	145	71	2	k. A.	k. A.	k. A.
	160	71	2			
M. J. Paulson et al. (1972)	210	23	3	.15	.72	46
K. H. Stapf et al. (1972)	454	30	2	.17	.53	33*
	454	30	2	.07	.43	25*
E. H. Bottenberg et al. (1973)	190	81	2	k. A.	k. A.	32
	190	81	2			38
	204	81	2			27
	204	81	2			36
K. A. Schneewind et al. (1974 a)	203	14	7	.65	.82	65*
H. Ch. Heinrich (1974)	372	30	2	.16	.44	29*
	372	30	2	.23	.55	39*
H. Lukesch, A. Tischler (1975)	206	30	2	.23	.62	45
	206	30	2	.13	.44	28
	217	30	2	.24	.65	48
	217	30	2	.11	.51	27

Anspruch erhoben wird, dann wird allzu oft dabei vergessen, daß willkürlich und bewußt die sehr beträchtliche spezifische Varianz der Variablen unter den Tisch fallen gelassen wird. Wollte man im Sinne des Modells der Faktorenanalyse (common factor model) diesen Tatbestand ausgleichen, so wären zur Wiedergabe der Daten r gemeinsame Faktoren und m (m = Anzahl der ursprünglichen Variablen) spezifische Faktoren notwendig. Die hinreichende Beschreibung, die durch eine Faktorenanalyse geliefert wird, ist damit nicht ökonomi-

(3) Verhaltensdaten

Autor	Stichprob.-größe	Variablen-anzahl	Faktoren-anzahl	Kommunalität niedrigste	Kommunalität höchste	Varianz-aufklärung%
H. E. Jones, N. Bayley (1941) nach E. S. Schaefer (1959)	56	18	2	.40*	.86*	69*
R. N. Sanford et al. (1943) nach E. S. Schaefer (1959)		8	2	.49*	.94*	74*
A. L. Baldwin et al. (1945) nach M. Roff (1949)	125	30	7	.51*	.95*	76*
A. L. Baldwin et al. (1945) nach M. Lorr, R. L. Jenkins (1953)	125	30	3	.09*	.59*	34*
W. H. Sewell et al. (1955)	162	38	8	.04	.78	33
R. R. Sears et al. (1957) nach G. A. Milton (1958)	379	44	7	.04	.59	39
E. S. Schaefer et al. (1959)	34	18	2	.18*	.90*	66*
W. C. Becker et al. (1959)	57 57	46 46	10 10	.40* .44*	.92* .87*	71* 69*
W. C. Becker et al. (1962)	71 71	71 64	10 9	k. A.	k. A.	k. A.
L. Minturn, W. W. Lambert (1964)	133	28	10	.16*	.90*	47
J. S. Hatfield et al. (1967)	40	28	2	k. A.	k. A.	k. A.
G. G. Stern et al. (1969)	30	79	9	.38*	.91	67*

*) Die mit * gekennzeichneten Angaben wurden nachträglich berechnet.
**) k. A. = keine Angaben. Eine nachträgliche Berechnung war aufgrund mangelnder Angaben nicht möglich.

scher, sondern viel aufwendiger als die Betrachtung der ursprünglichen Variablen.

(3) Weitere Gesichtspunkte. Es ließen sich zur Beurteilung der vorgenommenen Faktorenanalysen noch eine Reihe weiterer Kriterien diskutieren, deren Erfüllung als nicht immer gegeben erscheint: z. B. wurden Verteilungsannahmen bei der Berechnung der Korrelationen zwischen den Variablen nie geprüft; ein Intervalldatenniveau immer als gegeben vorausgesetzt; die Signifikanz von Korrelationsmatrixen nie überprüft; die Relation zwischen Anzahl der Probanden und Anzahl der Variablen, die nach einer Faustregel (K. Pawlik, S. 278) 3:1 betragen soll, war nicht immer gegeben (vgl. Tab. 8 Sp. 2 und 3); und

schließlich wurde nie untersucht, ob der Anteil der extrahierten Varianz den der reliablen nicht überstieg. Alle diese Punkte der Kritik, die ja vorerst nur die technischen Aspekte der Anwendung von Faktorenanalysen betreffen, lassen die inhaltliche Interpretation der gefundenen Faktoren bereits als sehr fragwürdig erscheinen.

5.4.2. Bemerkungen zu inhaltlichen Interpretationsversuchen

5.4.2.1. Die Faktorenanalyse als objektive Methode zur Strukturierung eines Problembereiches

Der Einsatz der Faktorenanalyse verspricht eine voraussetzungslose (abgesehen von statistischen Voraussetzungen und Annahmen) und daher objektive Strukturierung, Klassifikation oder Taxonomie von Merkmalen eines Problembereiches zu ergeben. Das Rezept, das einer solchen »blinden« Anwendung der Faktorenanalyse (S. A. Mulaik, 1972, S. 9) zugrunde liegt, besteht (a) zuerst in der vollständigen Sammlung aller für eine bestimmte Fragestellung interessierender Variablen, (b) in der Faktorisierung der Korrelationsmatrix zwischen den erhobenen Variablen und (c) in der ex-post Interpretation (K. H. Stapf et al., 1972, S. 21) der je nach Analysetechnik unterschiedlichen Anzahl von Faktoren und deren Beziehungen zueinander. Dieses Vorgehen ist auch bei der Bildung faktorenanalytisch begründeter Persönlichkeitsmodelle (E. Roth, 1969, S. 54 f.; Th. Herrmann, 1971, S. 98 f., 282 f.) festzustellen, wobei der heroischste Versuch einer solcherart »voraussetzungslosen« Konstruktion eines Persönlichkeitsmodells wohl von R. B. Cattell (1950) stammt.
(1) Die unmittelbare Folge einer derartigen Einschätzung einer statistischen Methode besteht darin, daß das Datenmaterial, das in die Faktorenanalysen eingeht, völlig heterogen sein kann. Relativ unbekümmert werden daher Aussagen der Eltern auf Einstellungsebene und demographische Daten (M. Zuckerman et al., 1958), elterliche Selbstschilderungen und Einschätzungen durch andere (E. Littmann, E. Kasielke, 1970, S. 47), retrospektive Angaben über Entwicklungsverläufe, demographische Angaben sowie Aspekte der elterlichen Kind- und Selbstwahrnehmung (W. H. Sewell et al., 1955) und Verhaltens- und Interviewratings von Kindern und deren Müttern (G. G. Stern et al., 1969) miteinander vermischt und als Ausgangsbasis für eine Faktorenanalyse genommen. Damit will man sozusagen den ganzen gerade in einer Untersuchung erfaßten Variablenbereich mit einem Schlag strukturieren, ohne sich Gedanken über irgendwelche theoretischen Begründungen zu machen. Solche Versuche müssen aber notwendigerweise fehlschlagen. Einmal beeinflußt die Auswahl der in eine Fakto-

renanalyse eingehenden Variablen wesentlich die Ergebnisse, z. B. die Anzahl der bedeutsamen Dimensionen. Nimmt man nun einige Variablen mehr oder weniger in eine Analyse auf, so werden die Ergebnisse qualitativ verschieden ausfallen. Verläßt man sich dann noch ausschließlich auf die »objektiven« Kriterien, welche den technischen Ablauf einer Faktorenanalyse steuern, so hat man im nachhinein kein Mittel mehr zur Verfügung, um zu entscheiden, welche Lösung den Daten inhaltlich am angemessensten ist. Diese Tatsache führt auch von einem anderen Gesichtspunkt her zu paradoxen Resultaten. Unter der Voraussetzung, daß man an die Stichhaltigkeit faktorenanalytischer Untersuchungen glaubt, läßt sich folgender Fall konstruieren (R. B. Cattell, 1966, S. 201): eine Variablenstichprobe von 50 Merkmalen kann z. B. durch 12 Faktoren erklärbar sein; faktorisiert man aber eine Unterstichprobe aus diesen 50 Variablen, etwa 10 Variable, so sind in diesen 10 Variablen dennoch alle 12 Faktoren wirksam, jedoch nicht mehr zu entdecken, da selbst eine vollständige Faktorenlösung nur 10 Faktoren hergeben kann. Dieses Gedankenspiel zeigt deutlich, daß Faktorenanalysen nicht automatisch zur Entdeckung aller Grunddimensionen eines Problembereiches führen.

(2) Man kann in einem zweiten Punkt nun noch die Arbeiten betrachten, in welchen Daten aus einem auf den ersten Blick homogenen Bereich genommen werden, z. B. die Antworten aus einem bestimmten Erziehungsstilfragebogen. Bei der Konstruktion solcher Verfahren geht man aber auch von einer zuerst möglichst umfassenden Sammlung aller Statements aus, die dem oder den Testautoren einfallen. Bei der Ordnung der Items nach bestimmten Gesichtspunkten verläßt man sich wieder auf das bereits bekannte Rezept. Da eine Faktorenanalyse zwangsläufig immer zu Ergebnissen führt (weil ja die Bestimmung der Basis einer positiv definitiven Matrix ein Theorem der Matrizenrechnung darstellt), ist ein solches Vorgehen sehr bequem, denn es erspart viel Nachdenken.

Man könnte vielmehr versuchen, die Items nach verschiedenen a priori Gesichtspunkten zu klassifizieren, z. B. inwieweit sie elterliche oder kindliche Rollenvorschriften enthalten, ob sie Wiedergabe affektiver Eltern-Kind-Einstellungskomponenten sind usw. Nach solchen Gesichtspunkten sind A. Engfer et al. (1973) bei der Kritik des PARI (E. S. Schaefer, R. Q. Bell, 1958) vorgegangen. Sie kommen zu dem Schluß, daß die Fragen des PARI ein außerordentlich heterogenes Datenmaterial darstellen (a. a. O., S. 24 f.), z. B. präskriptive Urteile über angestrebtes Verhalten von Kindern (»Children should realize, how much parents have to give up for them«), präskriptive Urteile über erwünschtes elterliches Verhalten (»A good mother should shelter her child from life's little difficulties.«), deskriptive Überzeugungen (»Most parents prefer a quiet child to a scrappy one.«) und instrumentelle Überzeugungen (»Children who take part in sex play become sex criminals.«). Es soll nun keineswegs behauptet werden, daß die Reaktionen von Eltern auf solche inhaltlich sehr verschiedenen Feststellungen nicht eventuell doch Aufschlüsse auf das Erziehungsverhalten geben oder insgesamt nicht doch einen wesentlichen Bestandteil des Problembereiches Erziehungsstil ausmachen. Was aber angezweifelt werden kann, ist, ob das Zusammenwerfen dieser Items oder von aus solchen Items bestehenden Subskalen in eine Faktorenanalyse auch zu sinnvoll zu interpretierenden Ergebnissen führt. Es kann auch durchaus sein, daß es substantielle Beziehungen zwischen den von Eltern anerkannten Normen bezüglich des idealen Elternverhaltens und ihrer Wahrnehmung der eigenen Erziehungspraktiken gibt (und natürlich noch vieles andere mehr). Aber solche differenzierten Fragen zu untersuchen ist nur dann möglich, wenn man diese einzelnen inhaltlich verschiedenen Komplexe vorher voneinander abtrennt, Hypothesen über deren Zusammenhänge aufzustellen versucht und dann deren Stichhaltigkeit (theoretisch und empirisch) überprüft.

5.4.2.2. Unstimmigkeiten im reistischen Interpretationsanspruch von Faktorenanalysen

(1) Läßt man die (vermutlich negativ zu beantwortende) Frage beiseite, ob Faktorenanalysen aus rein technischen Gründen überhaupt zu sinnvoll zu interpretierenden Ergebnissen führen können, so bleibt es doch interessant zu fragen, auf welcher Ebene die erhaltenen Ergebnisse üblicherweise interpretiert werden. Die gemeinhin vertretene und bereits ad absurdum geführte Meinung, daß Faktorenanalysen eine sparsame und ökonomischere Beschreibung der Variablen erlauben, kann auf zwei verschiedene Weisen aufgefaßt werden. Man könnte damit meinen, daß (a) nur für den Forscher für die Bearbeitung einer Fragestellung eine solche ökonomische Beschreibung erstellt werden soll (z. B. weil es wegen der begrenzten Informationsverarbeitungskapazität des Menschen leichter ist, sich mit nur einigen wenigen Faktoren zu befassen als mit einer Unzahl von Variablen) oder ob damit (b) auch zugleich die den realen Erscheinungen (den beobachtbaren Variablen) zugrunde liegenden Einflußgrößen erfaßt worden sind. Es kann vermutet werden, daß die zweite Intention der Anwendung von Faktorenanalysen zumeist zugrunde liegt, denn mit deren Hilfe sollen ja Modelle (d. h. Abbildungen) der Wirklichkeit geschaffen werden. Es kann sehr angezweifelt werden, ob eine Beschreibung der Wirklichkeit in Form faktorenanalytischer Modelle zutreffend ist. Dies gerät aber leicht in Vergessenheit, da die durch das Modell der Faktorenanalyse postulierten Eigenschaften der Realität (Unabhängigkeit der letzten Einflußgrößen, kompensatorisches Zusammenwirken der Faktoren, Linearitätsannahmen) selbst nicht diskutiert werden.
(2) Vergleicht man die Ergebnisse faktorenanalytischer Untersuchun-

gen im Bereich der Erziehungsstile ferner noch mit der Definition K. Eyferths (1966, S. 23), in welcher von Erziehungsstilen als von einer Gruppe von Merkmalen gesprochen wird, die enger als unter Zufallsannahmen zusammengehören, so ist eine Überprüfung der mit dieser Definition verbundenen Auffassung durch Faktorenanalysen eigentlich nicht sinnvoll. Es müßte hier nämlich um die Herausarbeitung eng zusammenhängender Merkmale gehen, wie dies beispielsweise durch Cluster- (B. S. Duran, P. L. Odell, 1974) oder Konfigurationsfrequenzanalysen (J. Krauth, G. A. Lienert, 1973) erreichbar ist (D. Baumrind, A. F. Black, 1967; V. J. Crandall, A. Preston, 1955). Was man mit Faktorenanalysen aber praktisch macht, besteht in der Aufteilung der Varianz der einzelnen Variablen auf gemeinsame Faktoren; dann betrachtet man wieder die auf den Faktoren hochladenden Variablen und versucht so, Aussagen über aufeinanderbezogene Merkmalskomplexe zu machen. Der Umweg, der mit der Durchführung einer Faktorenanalyse verbunden ist, über Varianzaufteilungen zu Merkmalskomplexen zu kommen, ist nicht nur abundant, sondern auch nicht unbedingt zielführend.

(3) Schließlich muß auch noch darauf hingewiesen werden, daß selbst unter Anerkennung der faktorenanalytischen Modellvorstellungen fast alle vorgenommenen Analysen unvollständig sind, und zwar in dem Sinn, als die Eigenschaften der Versuchspersonen nicht auf Faktorebene gemessen werden (Th. Kalveram, 1970, S. 110). Die einzige überzeugende Ausnahme besteht in den Arbeiten von J. A. Armentrout und G. K. Burger (1972a, b). Bei anderen Arbeiten, in denen bisweilen von Messung auf Faktorenebene gesprochen wird (R. C. Nichols, 1962; M. C.-L. Gildea et al., 1961; D. R. Peterson et al., 1959 u. a. m.), kommen die Werte für die Versuchspersonen auf den einzelnen Dimensionen durch einfache oder nach irrelevanten Gesichtspunkten gewichtete Addition der auf den Dimensionen hoch ladenden Variablen zustande; dies stellt offensichtlich eine Art der Messung dar, die den Annahmen der Faktorenanalyse selbst widerspricht (K. Überla, 1968, S. 237 f.).

(4) Ein eher gegen die verwendeten Erfassungsmethoden gerichtetes Argument, das auch die Verwendung faktorenanalytischer Auswertungsmethoden voraussetzt, deren Interpretation aber auf einer Verhaltensbasis in Frage stellt, stammt von P. B. Baltes (1966, S. 205). Er stellt im Anschluß an die Untersuchung von A. Tausch et al. (1967) die Frage, ob es sich bei faktorenanalytisch begründeten Aussagen über den Erziehungsstil nicht bisweilen um die Überprüfung der Konsistenz der Semantik von Beurteilern und nicht um die Überprüfung der Dimensionalität des Erzieherverhaltens selbst handelt. Die Plausibilität dieser Frage wird auch von D. Höger (1972, S. 81 f.) unterstrichen, wenn er in Weiterführung dieses Gedankens die Dimensionen des Erzieherverhaltens mit den Dimensionen des semantischen Raumes (Valenz,

Potenz, Erregung) in Zusammenhang bringt. »Es hat den Anschein, daß ›emotionale Wärme, Wertschätzung und Unterstützung‹ der Dimension ›Valenz‹ gleichkommt ... Ebenso dürfte das Ausmaß der Dirigierung, Lenkung und Kontrolle mit dem Grad zusammenhängen, in dem ein Erzieher tatsächlich oder im Erleben der Beurteiler die Tendenz zeigt, eine Machtposition zu erwerben bzw. die Möglichkeiten einer Machtposition auszunutzen und im Verhalten zu demonstrieren. Damit würde diese Dimension der Gefühlsdimension ›Potenz‹ entsprechen« (a. a. O., S. 82). Auch könnte überprüft werden, ob die dritte Dimension in dem Modell W. C. Beckers (»calm detachment — anxious emotional involvement«) nicht in Übereinstimmung mit der letzten Dimension des semantischen Raumes (Erregung — Beruhigung) zu bringen sei. Die »Realität« der gefundenen Faktoren bezieht sich damit auf die Dimensionen der Wahrnehmung und Beurteilung von Erzieherverhalten und nicht auf das Erzieherverhalten selbst.

5.4.2.3. Pragmatische Aspekte

(1) Angesichts der unterschiedlichen Ergebnisse faktoranalytisch orientierter Beschreibungsversuche kann die Meinung bestätigt werden, daß die Faktorenanalyse auch unter rein pragmatischen Gesichtspunkten in diesem Problembereich nicht zu befriedigenden Lösungen führt. Diese Ansicht kann selbst dann aufrechterhalten werden, wenn man die verschiedenen »Vereinigungsversuche« von faktorenanalytischen Untersuchungen betrachtet. Nicht nur bei Übersichtsreferaten über den Stand der Forschung wird ja versucht, Faktoren aufgrund ähnlicher Benennung miteinander zu vergleichen (P. C. Goldin, 1969; A. Roe, M. Siegelman, 1963; E. S. Schaefer, 1961), sondern fast in jeder dimensionsorientierten Einzeluntersuchung findet man Vergleiche der von dem jeweiligen Autor gefundenen Faktoren mit denen anderer Autoren. Bei solchen Vergleichen, die bisweilen den Eindruck von insgesamt konvergierenden Ergebnissen in dieser Forschungsrichtung hervorrufen können, muß man aber die Tatsache berücksichtigen, daß sie nur auf einer rein semantischen Basis beruhen. Natürlich scheinen die Namen »hostility — love« bei E. S. Schaefer (1965a) und »loving« bei M. Siegelman (1965) etwas ähnliches zu bezeichnen. Die der Faktorenanalyse inhärente Logik erlaubt solche direkten Vergleiche nicht, denn die Definition dieser Faktoren ist ja durch ein bestimmtes Ladungsmuster bei bestimmten Variablen gegeben und nicht durch die dagegen relativ trivial wirkende Benennung der Faktoren durch die einzelnen Forscher. Da aber die in Faktorenanalysen eingehenden Variablenmengen verschieden sind (z. B. verschiedene Items von verschiedenen Fragebögen, unterschiedliche Merkmale bei der Verhaltensbeurteilung), so sind auch die erhaltenen Ergebnisse eigentlich unvergleichbar (von der Möglichkeit der Verwendung von Markierungsva-

riablen, wie dies von R. B. Cattell vorgeschlagen wurde [1966, S. 231], sei hierbei abgesehen, da solche Fälle nicht vorkommen). Die Ähnlichkeit von Assoziationsreihen, die mit bestimmten »labels« zur Markierung von Faktoren verbunden sind, kann nicht über die Unvergleichbarkeit faktorenanalytischer Resultate, die auf verschiedenen Variablenmengen beruhen, hinwegtäuschen.

(2) Unter dem Gesichtspunkt pragmatischer Fruchtbarkeit soll auch noch eine weitere Meinung wiedergegeben werden. Und zwar kommt W. C. Becker (1964) bei seinem Sammelreferat über die verschiedenen Auswirkungen von Erziehungsweisen zu dem Schluß, daß eines der Instrumente, nämlich der PARI, auf dem einige Faktorenmodelle des Erziehungsstils beruhen, bis jetzt praktisch zu nicht bedeutsamen Folgerungen führte: »With few expectations, the research with this instrument has not supported its usefulness (in its present form) for making valid predictions about parents« (a. a. O., S. 203). Man kann diese Frage aber auch allgemeiner stellen, indem man sich überlegt, welche Handlungsanweisungen sich zur Erreichung von bestimmten Zielen aus den faktorenanalytischen Modellen des Erziehungsstils ergeben. Hier kommt man zu dem Schluß, daß durch das Bemühen der Forscher, Dimensionen auf einem möglichst abstrakten Niveau zu beschreiben, die Verbindung zu praktisch veränderbaren Verhaltensweisen des Erziehers verlorengegangen ist, zu Verhaltensweisen aber, deren Modifikation im Rahmen von lerntheoretisch begründeten Sozialisationsmodellen naheliegend erscheint.

(3) Bei faktorenanalytischen Ansätzen geht aber zumeist noch etwas anderes verloren, nämlich daß das Verhalten von Personen nicht nur eine Funktion ihrer Persönlichkeit (in diesem Fall ihrer allgemeinen Tendenz, sich gegenüber anderen zu verhalten) darstellt, sondern auch der Situation ist, in welcher sie sich befindet. Hat schon Tallman (1961) auf die Situationsabhängigkeit des elterlichen Erzieherverhaltens verwiesen, so zeigt sich auch beispielsweise in der Arbeit von H. Nickel und H.-J. Fenner (1974), daß Merkmale direktiven Lehrerverhaltens zu gering miteinander korreliert sind, um daraus allgemeinere Erzieherdimensionen ableiten zu können und daß ferner das Lehrerverhalten über verschiedene Situationen hinweg, d. h. in diesem Fall in Unterrichtsstunden in verschiedenen Gegenständen, nicht konstant ist.

Wollte man einen Vergleich mit anderen Wissenschaften, z. B. der Physik, ziehen, so besitzen die genannten Modelle in der Psychologie paradoxe Konsequenzen: während die allgemeinen und abstraktesten Theorien der Physik diejenigen sind, die am meisten von den beobachtbaren Ereignissen erklären und vorhersagen können, sind die abstrakten Modelle im Bereich der Erziehungsstilforschung dazu am wenigsten geeignet. Dies liegt vermutlich nicht prinzipiell an der Abstraktheit von Modellen, sondern an ihrer Irrealität.

6. Die Entwicklung eines heuristischen Schemas zur Einordnung von in der Erziehungsstilforschung relevanten Variablen

Die bisherige Erziehungsstilforschung hat aus der Vielzahl der Einzeluntersuchungen noch keine vollständige Aufzählung der wesentlichen Variablen oder Variablengruppen des Erziehungsstils ableiten und ebenso wenig ein Modell über das Zusammenwirken der deskriptiv voneinander abgrenzbaren Variablen erstellen können. Die Kritik an den typologisch und den dimensionsorientierten Erfassungsversuchen hat aber auch herausgestellt, daß in der Erziehungsstilforschung eine Reihe interessanter Merkmale untersucht werden, für deren vorläufige Ordnung heuristische Schemata verschiedener Komplexität verwendet werden: So unterscheidet V. Krumm (1970, S. 309) beispielsweise »Erziehungsziele« von »Erziehungsweisen«; diese Unterscheidung wurde bereits von Th. Herrmann et al. (1968, S. 75 f.) vorgenommen, nur teilte er die Variablen des Erziehungsstils in Erziehungsattitüden (Überzeugungen, Haltungen, Einstellungen) und in die konkrete (»instrumentelle«) Erziehungspraxis ein. Diese letztere Einteilung wird von K. H. Stapf et al. (1972, S. 19) durch die Aufteilung der Erziehungshaltungen in Erziehungsvorstellungen und Erziehungsnormen noch verfeinert. Auch die Untersuchungen K. A. Schneewinds nehmen vorerst von einer solchen groben Dreiteilung ihren Ausgang (A. Engfer et al., 1973, S. 5; U.-D. Filipp, 1971, S. 14).
Durch eine solche Trennung können erst die Fragen nach dem Zusammenhang zwischen Verbalverhalten (Einstellungen) und tatsächlichem Verhalten gestellt werden. Allerdings zeigen Übersichtsreferate (H. Ch. Heinrich, 1974; C. R. Tittle, R. J. Hill, 1967) und Einzeluntersuchungen (St. R. Tulkin, B. J. Cohler, 1973; L. Beckwith, 1971; L. D. Eron, T. J. Banta, 1961; J. McCord, W. McCord, 1961), daß diese Zusammenhänge nicht immer allzu groß sind und gegenteilige Evidenzen selten vorliegen (G. F. Brody, 1965).

In einer Untersuchung, die von M. Zunich (1962) an 40 Müttern und deren Kindern gemacht wurde, konnten zwischen den Subskalen des PARI und 17 hochreliablen Maßen aus Verhaltensbeobachtungen unter kontrollierten Bedingungen (being un-cooperative, contacting, criticizing, directing, giving permission, giving praise or affection, helping, interfering, interfering by structurizing, lending cooperation, observing attentively, playing interactively, reassuring, remaining out of contact, restricting, structurizing, teaching) von 202 Korrelationen nur 12 signifikante gefunden werden. Die Höhe dieser Korrelationskoeffizienten erreicht dabei mit maximal .46 nur ein mittleres Ausmaß. Bei gleichem Vorgehen mit einer Mutter-Stichprobe aus sozial niedrigerer Schicht (N = 40) erreichten nur mehr 5 Korrelationen die Grenze der Signifikanz (M. Zunich, 1961). Durch solche Ergebnisse wird aber die Notwendigkeit nur betont, die verschiedenen Erziehungsstilvariablen auf einer begrifflichen Ebene auseinanderzuhalten.

In diesem Kapitel soll nun versucht werden, das Konglomerat der bisher unter der Sammeltopfbezeichnung Erziehungsstil erfaßten Variablen in Anlehnung an vorliegende Versuche nach a priori-Gesichtspunkten möglichst umfassend zu strukturieren. Die Notwendigkeit eines solchen Vorgehens ist darin begründet, daß nur durch eine Aufgliederung des vagen Konzeptes Erziehungsstil in Untergruppen von Variablen verschiedenen Niveaus und unterschiedlicher Komplexität verständlich gemacht werden kann, welche Probleme in der Erziehungsstilforschung behandelt werden bzw. untersucht werden könnten. Ferner soll mit einem solchen Vorgehen der Versuch verbunden sein, auf Hypothesensysteme hinzuweisen, die bisher von der Erziehungsstilforschung noch kaum explizit verarbeitet worden sind; insbesondere ist dabei an das weite Feld der Einstellungsforschung zu denken (K. Eyferth, K. Kreppner, 1972; H. C. Triandis, 1971; E. Roth, 1967), an die Hypothesen in dem Bereich der sozialen Wahrnehmung (K. Holzkamp, 1972; C. F. Graumann, 1956), der Selbst- (D. J. Bem, 1972), und der Fremdwahrnehmung (W. J. Livesley, D. B. Bromley, 1973), der Kleingruppenforschung (P. R. Hofstätter, 1957) und der sozialen Interaktionsforschung (R. D. Laing et al., 1973; C. F. Graumann, 1972; M. Argyle, 1972; B. N. Adams, 1967).

6.1. Erziehungseinstellungen

Um von dem globalen Begriff Erziehungsstil wegzukommen und um eine differenziertere Betrachtung zu ermöglichen, kann man einmal Merkmale von Erziehern und Erzogenen, die auf der Einstellungsebene liegen, von solchen unterscheiden, die auf der Ebene des offenen Verhaltens zu lokalisieren sind. Diese Unterscheidung scheint naheliegend, da ja Einstellungen als hypothetische Konstrukte betrachtet werden, die dem Verhalten zugrunde liegen und zur Erklärung des individuellen (d. h. offenen) Verhaltens herangezogen werden (E. Roth, 1967, S. 38); auf der anderen Seite ist diese Unterscheidung aber nicht unproblematisch, da ja Einstellungen wieder aus Verhalten, und zwar zumeist aus Verbalverhalten, erschlossen werden müssen. In der Erziehungsstilforschung hat sich diese Differenzierung insofern eingebürgert, als das Konzept Erziehungsstil in Erziehungspraktiken (-weisen, -verhalten) und Erziehungseinstellungen (-attitüden, -haltungen, -vorstellungen) aufgeteilt wird (A. Engfer et al., 1973, S. 5; E. Littmann, E. Kasielke, 1970, S. 12; V. Krumm, 1970, S. 309; Th. Herrmann, et al., 1968, S. 76).

Wenn man nun bündig angeben könnte, was Einstellungen sind, dann könnte man mit dieser getroffenen Zweiteilung der Variablen des Erziehungsstils vorerst operieren. Da Erziehungseinstellungen aber gewöhnlich nur negativ abgegrenzt werden, z. B. indem man sagt, sie seien keine direkt beobachtbaren Erziehungspraktiken (K. H. Stapf et al., 1972, S. 19) bzw. nur Beispiele für Erziehungseinstellungen aufgezählt werden (»eine Tracht Prügel hat noch niemandem geschadet«), scheint mit dieser groben Zweiteilung noch nicht viel gewonnen zu sein. Wesentlich vorausgesetzt ist aber immer von dem Einstellungsbegriff, daß Einstellungen um ein Objekt zentriert sind (E. Roth, 1967, S. 62) und daß sie daher nach dem Allgemeinheitsgrad des Einstellungsobjektes variieren können (a. a. O., S. 65). Angewandt auf die Erziehungsstilforschung bedeutet dies, daß die erziehungsrelevanten Einstellungen beispielsweise danach zu differenzieren wären, ob es sich um Einstellungen von Eltern gegenüber Kindern überhaupt handelt oder gegenüber einem bestimmten Kind; das gleiche gilt natürlich auch für die Einstellung von Kindern zu ihren Eltern oder zu Erziehern insgesamt. In den vorwiegend frühen Versuchen der operationalen Fassung von Erziehungsstilen wurde die Gegenstandsbezogenheit von Einstellungen aber aus methodischen Gründen nur teilweise berücksichtigt: Da man überzeugt war, daß immer dann, wenn ein Erzieher seine Einstellung gegenüber einem bestimmten Kind wiedergeben soll, spezifische Verfälschungstendenzen auftreten, wurden die Fragebogenverfahren in einer kind- und erzieherunspezifischen Weise abgefaßt (E. S. Schaefer, R. Q. Bell, 1958; J. C. Mark, 1953; E. J. Shoben, 1949; H. L. Koch et al., 1934). Und da es nur als ein Nebenproblem angesehen wurde, ob man die Einstellung zur Kindeserziehung überhaupt oder zur Erziehung eines bestimmten Kindes erfragt, liegen auch keine systematischen Untersuchungen über den Zusammenhang von Einstellungen unterschiedlichen Allgemeinheitsgrades des Einstellungsobjektes vor.

Von den weiteren von Roth herausgearbeiteten Merkmalen des Einstellungsbegriffes sei noch herausgehoben, daß Einstellungen Systembedingungen darstellen; gemeint ist damit »ein Gesamtzustand, in dem alle beteiligten Elemente bzw. Funktionen in bezug auf einen Gegenstand zusammengeschlossen sind und in welchem sie in allseitiger Relation miteinander stehend sich gegenseitig bedingen« (a. a. O., S. 83). Genauer kann damit zweierlei gemeint sein, nämlich »(1) die Interdependenz verschiedener Einstellungen, bezogen auf ein Einstellungsobjekt, und (2) die funktionale Verflechtung und Interdependenz der unterschiedlichen psychischen Funktionen (Fühlen, Denken, Wollen) im Gesamtsystem ›Einstellung‹« (A. Engfer et al., 1973, S. 12). Da hier auch behauptet wurde, daß innerhalb einer auf einen bestimmten Gegenstand bezogenen Einstellung verschiedene Bestandteile zu unterscheiden seien, muß auf den Einstellungsbegriff von D. Krech et al.

(1962) zurückgegriffen werden (vgl. auch M. L. Rosenberg, C. I. Hovland, 1960), in welchem ausgesagt wird, Einstellungen seien »ein dauerhaftes System dreier Komponenten, die um ein Objekt zentriert sind: die Annahmen über den Gegenstand — als die kognitive Komponente; der mit dem Gegenstand verbundene Affekt — die Gefühlskomponente; und die Disposition, in bezug auf den Gegenstand zu handeln — die Komponente der Handlungstendenz« (a. a. O., S. 146, zit. n. E. Roth, 1967, S. 36). Um zu einer vorläufigen Abgrenzung des hier mit Erziehungseinstellung Gemeinten zu kommen, soll für unsere Zwecke noch festgelegt werden, daß »Erziehungseinstellungen die *deskriptiven Urteile* über eigene kindbezogene Dispositionen des Verhaltens und Erlebens« (A. Engfer et al., 1973, S. 5) sind. Betrachtet man die Erziehungsstilforschung insgesamt, so ist diese Festlegung allerdings zu eng, denn es werden nicht nur die kindbezogenen Einstellungen von Eltern untersucht (z. B. »descriptive beliefs« im Sinne von L. M. Stolz, 1967, S. 123), sondern ebenso die elternbezogenen Einstellungen von Kindern.

Das Variablenkonglomerat, das demnach auf der Einstellungsebene unterschieden werden kann, (wobei darunter immer bestimmte deskriptive Urteile verstanden werden sollen), läßt sich nach den Personen aufgliedern, welche diese Einstellung besitzen (z. B. Vater, Mutter, Sohn, Tochter); nach dem Objekt der Einstellung (z. B. Lehrer, Sohn usw.) und nach der angesprochenen Einstellungskomponente (kognitiv, affektiv, volitiv). Es ist denkbar, daß sich diese letzteren Komponenten zwecks einer ökonomischeren Beschreibung wieder in einzelne Dimensionen aufspalten lassen (vgl. Abb. 10). »One speaks of an attitude towards a person, but actually there are different responses conditioned to different aspects of a person. A mother may pity her daughter für some physical defect, hate her for her capacity for making cutting remarks, and love her for her cheerfulness« (K. H. Delhees, 1973, S. 141). Da aber in Aussagen, welche bestimmte Einstellungen wiedergeben, zumeist alle drei Einstellungskomponenten mitenthalten sind, soll den Unterscheidungen in Komponenten und Dimensionen vorerst nicht allzu großes Gewicht beigemessen werden.

Die bis jetzt getroffenen Aufteilungen sind noch unvollständig, da da der Gegenstand einer Einstellung nicht nur eine andere Person sein kann, — z. B. $V(S)_R$ wäre das Realbild, das der Vater von seinem Sohn hat (»Mein Sohn ist sehr fleißig.«) —, sondern auch die Beziehung zu einer Person, z. B. $V\ (VE_iS)_R$ wäre das Realbild, das ein Vater von seiner Beziehung oder Einstellung zu seinem Sohn hat (»Ich verstehe meinen Sohn.«). Nimmt man als Beispiel für den Träger einer erziehungsrelevanten Einstellung die Mutter (M), so kann man nach den Objekten ihrer Einstellung zumindest die in Tab. 9 aufgeführten Unterscheidungen treffen.

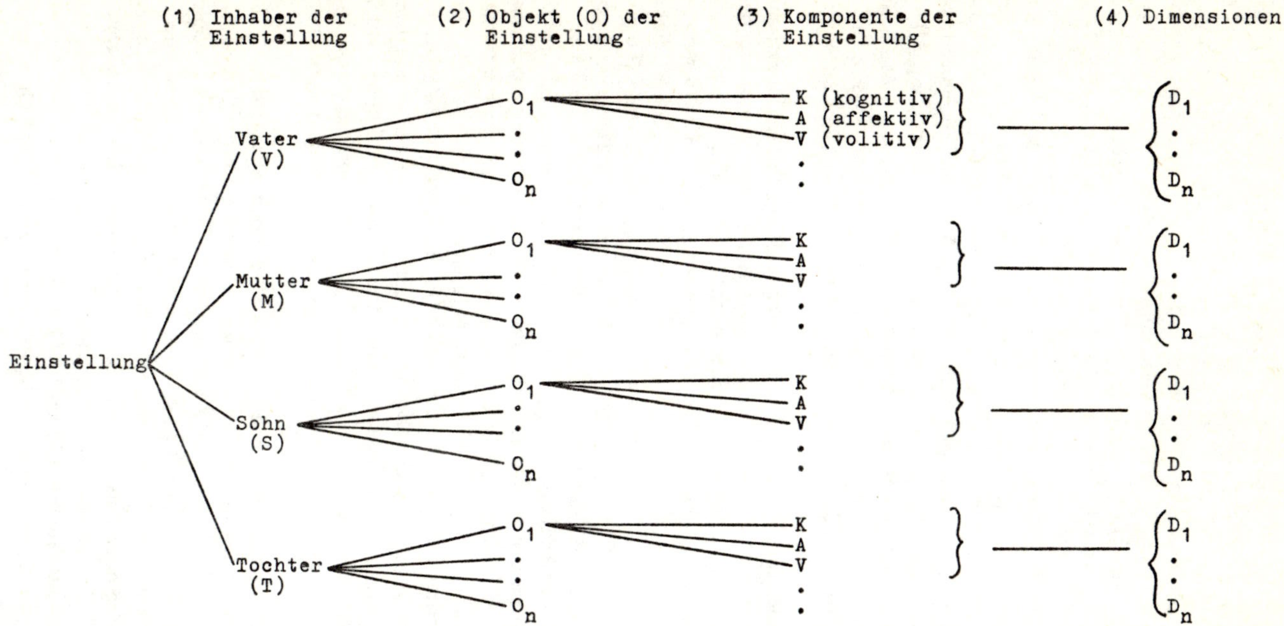

Abb. 10: Aufgliederung von Einstellungen, die für die Erziehungsstilforschung relevant sind, nach (1) Inhabern, (2) Objekten, (3) Komponenten und (4) Dimensionen

Tab. 9: Differenzierung von Einstellungsobjekten am Beispiel des Einstellungsinhabers »Mutter«

Abkürzung	Bedeutung	Beispiel
$M (V)_R$	Bild, das die Mutter von ihrem Mann hat (reales Fremdbild).	»Mein Mann ist meistens guter Laune.«
$M (M)_R$	Bild, das die Mutter von sich selbst hat (reales Selbstbild).	»Ich bin eine anspruchslose Frau.«
$M (S)_R$	Bild, das die Mutter von ihrem Sohn hat.	»Mein Sohn ist zu überhaupt nichts nutz.«
$M (T)_R$	Bild, das die Mutter von ihrer Tochter hat.	»Meine Tochter ist sehr brav.«
$M (ME_iV)_R$	Bild, das die Mutter von ihrer Beziehung zu ihrem Mann hat.	»Ich ärgere mich oft über meinen Mann.«
$M (ME_iS)_R$	Bild, das die Mutter von ihrer Beziehung zu ihrem Sohn hat.	»Ich komme mit meinem Sohn nicht mehr zurecht.«
$M (ME_iT)_R$	Bild, das die Mutter von ihrer Beziehung zu ihrer Tochter hat.	»Ich verwöhne meine Tochter sehr.«

M = Mutter, V = Vater, S = Sohn, T = Tochter, E = Einstellung (der Index »i« wird verwendet, um anzudeuten, daß es sich bei Einstellungen um Variable handelt), R = real.

Während in die Formulierung und Zusammenstellung von Items zu Erziehungseinstellungstests die Bilder, die man von den anderen besitzt, zumeist unreflektiert eingehen, werden solche Realbilder bisweilen auch speziell untersucht (W. Wolfenberger, R. A. Kurtz, 1971). Wie gerade Ansichten über bestimmte Eigenschaften und Fähigkeiten von Kindern das Verhalten Mütter verschiedener sozialer Schicht determinieren, geht aus den Bemerkungen von St. R. Tulkin und J. Kagan (1972, S. 39) hervor: »Informal discussions with mothers suggested that one source of variance in maternal behavior was the mother's concept of her infant. Some working-class mothers did not believe that their infants possessed the ability to express ›adult-like‹ emotions or to communicate with other people. Hence, these mothers felt that it was futile to attempt to interact with their infants« (a. a. O.). Andere Überzeugungen, die sich als wesentlich für die Art des sozialen Kontaktes erwiesen, waren Meinungen über den Grad des Erbeinflusses, über Erziehungsziele (»Kinder sollten die Welt allein erforschen«) sowie Ziel-Mittel-Relationen (»Kinder müssen zuerst lernen, Abhängigkeit zu zeigen, bevor sie unabhängig werden können«).

Zwischen den Realbildern verschiedener Personen bestehen allerdings auch interessante Zusammenhänge. So verweist eine Untersuchung von D. Franco (1965) auf die gegenseitige Abhängigkeit der Wahrnehmungen von Erzieherpersonen in ihrem Verhalten zu Kindern (d. h. dem Bild der Mutter und des Lehrers). Die auf Ratings von Erzählungen über Mutter- und Lehrerverhalten basierenden Korrelationen ergeben für eine Gruppe von 75 5- bis 6-jährigen Kindern für den Aspekt »discipline« einen Wert von .50, für »helpfulness« einen von .45. Teilt man die Kindergruppe in solche auf, die nach dem Lehrerurteil entweder »cooperative« bzw. »submissive-rebellious« waren, so erhöhten sich diese Werte zum Großteil: bei der Gruppe der als »submissive-rebellious« gekennzeichneten Kinder ist die Korrelation für den Aspekt »discipline« .72 sowie für »helpfulness« .45, für die als »cooperative« gekennzeichneten Kinder werden die Werte .33 bzw. .52. Aus diesen Ergebnissen geht somit hervor, daß Erzieherpersonen tendenziell ähnlich wahrgenommen werden. Es bliebe aber noch die Frage zu klären, ob sich verschiedene Erzieher denselben Kindern gegenüber tatsächlich ähnlich verhalten oder ob sie von den Kindern immer in eine ähnliche Rolle gedrängt werden.

Hauptsächlich werden in dem so gekennzeichneten Einstellungsbereich der Erziehungsstilforschung vier Variablengruppen untersucht:

(1) Deskriptive Urteile des Vaters hinsichtlich seiner auf Kinder gerichteten Kognitionen, Affekte und Handlungstendenzen ($V(S)_R$, $V(T)_R$, ..., $V(VE_iS)_R$, $V(VE_iT)_R$, ...).
(2) Deskriptive Urteile der Mutter hinsichtlich ihrer auf Kinder gerichteten Kognitionen, Affekte und Handlungstendenzen ($M(S)_R$, $M(T)_R$, ..., $M(ME_iS)_R$, $M(ME_iT)_R$, ...).
(3) Deskriptive Urteile des Sohnes hinsichtlich seiner auf Erzieher gerichteten Kognitionen, Affekte und Handlungstendenzen ($S(V)_R$, $S(M)_R$, ..., $S(SE_iV)_R$, $S(SE_iM)_R$, ...).
(4) Deskriptive Urteile der Tochter hinsichtlich ihrer auf Erzieher gerichteten Kognitionen, Affekte und Handlungstendenzen ($T(V)_R$, $T(M)_R$, ..., $T(TE_iV)_R$, $T(TE_iM)_R$, ...).

Das Bild, d. h. hauptsächlich die kognitive Einstellungskomponente, das Eltern von ihren Kindern haben, wurde von G. R. Medinnus (1961) mittels Q-sorting erhoben. Da er nicht nur das Realbild, sondern auch das Idealbild, das Eltern von einem bestimmten Kind haben, auf diese Weise erhob, konnte er auf korrelativem Weg die bestehenden Zusammenhänge zwischen diesen beiden Meßwerten berechnen. Es zeigte sich allerdings, daß nur sehr geringe Zusammenhänge bestanden. Medinnus interpretierte dieses Resultat als mittleres Ausmaß des Akzeptierens von Kindern durch ihre Eltern, da sich eine hohe Akzeptierungsrate ergeben hätte, wenn die Real- und Idealbeschreibungen ähnlich gewesen wären. In ähnlicher Weise wurde das Realbild, das Eltern von ihren Kindern besitzen, von R. N. Walker (1968) untersucht. Bei ihm standen allerdings Zusammenhänge zwischen den elterlichen Realbildern bzw. Korrelationen mit Außenkriterien im Vordergrund und nicht die Beziehungen zwischen Real- und Idealerleben.

Aufschlüsse über die verhaltensrelevante Wirkung des elterlichen Kinderbildes erbringt die Arbeit von C. Y. Nakamura und M. M. Rogers (1969): Unterschiede in der Wahrnehmung von Kindern im allgemeinen als selbständig bei Müttern und Vätern hingen mit dem unabhängig davon beurteilten Selbständigkeitsverhalten ihrer Kinder signifikant zusammen.

Eine hinsichtlich der erhobenen Aspekte der Selbst- und Fremdwahrnehmung sehr umfangreiche Untersuchung stammt von W. C. Becker (1960). Die Va-

riablen, die u. a. erhoben wurden, bestanden in dem Realbild, das Lehrer ($L(K)_R$), Väter ($V(K)_R$) und Mütter ($M(K)_R$) von ihren Kindern besitzen; zusätzlich wurden die eigenen Einstellungen zum Kind ($V(VE_iK)_R$, $M(ME_iK)_R$), zum Ehepartner ($V(VE_iM)_R$, $M(ME_iV)_R$), die Einstellung des Ehepartners zum Kind aus der Sicht des anderen Gatten ($V(ME_iK)_R$, $M(VE_iK)_R$), die Einstellung des anderen Gatten zu sich ($V(ME_iV)_R$, $M(VE_iM)_R$), die idealen Vorstellungen von sich in bezug auf Kind ($V(VE_iK)_I$, $M(ME_iK)_I$) und Gatten ($V(VE_iM)_I$, $M(ME_iV)_I$) erhoben. Aus der Vielzahl der ausgewerteten Relationen zwischen den verschiedenen Selbst- und Fremdbildern sei hervorgehoben, daß die Realbilder über die Kinder nur gering zusammenhingen, wodurch die Notwendigkeit einer Systematik dieser Wahrnehmungsmöglichkeiten betont wird.
Das Elternbild von Kindern ist in gleicher Weise immer wieder Thema empirischer Untersuchungen. Die rollentheoretisch begründeten Annahmen über unterschiedliche Vater- und Mutterfunktionen wurden so oftmals untersucht (Ch. E. Bowerman, G. H. Elder, 1964; J. Kagan et al., 1961; J. Kagan, J. Lemkin, 1960; J. Kagan, 1956). Obwohl die Ergebnisse in die stereotypisierten Erwartungsschemata gegenüber Inhabern von Elternpositionen passen (Väter werden u. a. als stärker, größer, dunkler, gefährlicher, Mütter als sorgender und weniger strafend geschildert), kann dies nicht als endgültiger Beleg für eine tatsächliche Rollendifferenzierung gesehen werden, da auch gegenteilige Ergebnisse vorliegen (H. Lukesch, 1974). Die frühen Untersuchungen von A. Tausch (1956) oder von E. I. Anthony und E. Bene (1957) sind ebenso um das Bild von Erwachsenen aus der Sicht von Kindern zentriert; in gleicher Weise liegen Untersuchungen zur Wahrnehmung von Gleichgestellten in Kindergartengruppen vor (S. J. Friedland, 1973; M. Waller, 1973, 1969; M. R. Yarrow, J. D. Campbell, 1963).

Indirekt bedeutsam sind aber für die Erziehungsstilforschung auch die Einstellungen zu Personen, denen gegenüber ein »Erziehungsgefälle« nicht angenommen werden kann (z. B.: $V(V)_R$, $V(M)_R$, ..., $M(V)_R$ $S(T)_R$, ..., $V(VE_iM)_R$, ..., und $M(M)_R$, $S(S)_R$, $M(ME_iV)_R$, ..., $S(SE_iT)_R$, ..., $T(TE_iS)_R$ ...). Merkmale zwischenmenschlicher Beziehungen, die auf dieser Ebene liegen, wurden beispielsweise von A. Count-van Manen (1973) untersucht. Nach K. H. Delhees (1973, S. 140) kann man diesen untersuchten Einstellungsbereich mit »intrafamilial attitudes« bezeichnen. Allerdings ist seine Einstellungsdefinition (»intrafamilial attitudes are defined as the amount of drive investment in a given behavior ocurring between two members of the family«) mit reistischen Interpretationen vorbelastet, die in diesem Zusammenhang nicht gezogen werden sollen.
Die aus Selbst- und Fremdbildmaßen ableitbaren Unterschiede können auf Seiten der beteiligten Individuen selbst wieder unterschiedlich wahrgenommen werden. Möglicherweise verhaltensrelevante Mißverständnisse können sich also nicht nur auf unterschiedliche Selbst- und Fremdbilder beziehen (z. B. $S(S)_R \neq V(S)_R$), sondern auf einer Ebene darüber liegen (z. B. $S(V(S)_R)_R \neq V(S)_R$).
Dasselbe gilt für die im nächsten Abschnitt zu besprechenden Idealbilder, die man von sich oder von anderen hat. Auch hier könnte man

einmal auf rein rechnerischem Wege Unterschiede zwischen Real- und Idealbildern ermitteln (G. R. Medinnus, F. J. Curtis, 1963) oder aber die selbst- oder fremdperzipierten Differenzen direkt zu erheben versuchen. Die bis jetzt umschriebenen Variablengruppen sind parallel zum sog. Realbild, das jemand von sich besitzt (D. J. Bem, 1972), oder das er von anderen besitzt (W. Neubauer, 1967) aufzufassen. Eine weitere aus der Sozialpsychologie bekannte Parallele besteht hinsichtlich der Unterscheidung in Auto- und Heterostereotype (P. R. Hofstätter, 1966, S. 364 f.; 1957, S. 103 f.), d. h. hinsichtlich der von einer Gruppe entwickelten Anschauungen über Merkmale und Merkmalskonfigurationen der Wir- und Die-Gruppe(n).

Diese Variablenkomplexe des Erziehungsstils sind aber nicht allein wirksam. Wie aus Untersuchungen der klinischen Psychologie bekannt ist (R. D. Laing, 1974, S. 82; R. D. Laing et al., 1973, S. 68 f.), von der sozialen Interaktionsforschung (M. Argyle, 1972, S. 141) und bisweilen auch in rollentheoretischen Ansätzen (J. Heiss, 1968, S. 7; B. J. Biddle, 1961, S. 14 f.) mitkonzipiert wurde, stellen die Wahrnehmungen der bisher genannten Variablen ebenso einflußreiche Größen dar. In die Untersuchung von Erziehungsstilen wurden die Wahrnehmungen von erziehungsrelevanten Einstellungen der Eltern durch ihre Kinder relativ früh aufgenommen (R. Stagner, H. Drought, 1935; C. R. Rogers, 1931) und werden auch heute noch unter dem Stichwort »perzipierter Erziehungsstil« eingehend untersucht (K. A. Schneewind et al., 1974; K. H. Stapf et al., 1972; B. Minsel, B. Fittkau, 1971). Sehr viele Alltagsaussagen im Bereich der Erziehung können als Aussagen über Wahrnehmungen von Einstellungen einer anderen Person gegenüber einem bestimmten Einstellungsobjekt aufgefaßt werden. Die Aussage eines Sohnes über die Einstellung seines Vaters zu ihm, »mein Vater kann mich sehr leiden«, ist ein Beispiel dafür; auch wenn eine Mutter sagt, »meine Tochter kann meinen Mann überhaupt nicht ausstehen«, so ist dies ebenfalls eine Aussage, die nicht auf der ersten Einstellungsebene liegt, sondern eine Stufe darüber steht und in diesem Sinne eine Metaaussage darstellt. Eine Familie, die angenommenerweise aus vier Personen besteht (V, M, S, T), stellt ein System dar, in welchem jede Person zu jeder bestimmte Einstellungen entwickelt hat (vgl. Abb. 11), welche aber auch in Termini der jeweils zwischen zwei Personen bestehenden Beziehungen, wie sie von einem Dritten erfaßt werden, beschrieben werden können (vgl. Tab. 10).

Ein Versuch der Erfassung von Einstellungen zwischen allen Familienmitgliedern stammt von K. H. Delhees (1973). Der Schwerpunkt wird dabei aber nicht auf primär erziehungsrelevante Sachverhalte gelegt, sondern ist inhaltlich auf Persönlichkeitsdimensionen bezogen.

Den Beziehungen zwischen den wahrgenommenen Erziehungseinstellungen von Großeltern und Eltern durch die jeweils nächste Generation wurde in einer Untersuchung von W. C. Bronson et al. (1959) nachgegangen. Mütter, die ihre eigenen Mütter als Autoritätspersonen schilderten, schreiben sich ebenfalls eine solche Einstellung gegenüber ihren Kindern zu; für Väter gilt dieselbe Tendenz: Wenn sie ihre Väter so beschrieben, so zeigen sie auch jetzt diese Einstellungen. Eine interessante Einstellungsdifferenzierung fanden R. Staples und J. W. Smith (1954) bei der Untersuchung von Müttern und Großmüttern. Zwischen den Einstellungen von Müttern und ihren Müttern bestand eine signifikante Korrelation, wenn beide *nicht* in demselben Haushalt wohnten. Wenn beide zusammen wohnten, dann zeigte sich diese Beziehung nicht, ebenso war auch kein Zusammenhang mit den Ansichten zur Kindeserziehung von den Müttern der Väter festzustellen. Man könnte diese Befunde als Ergebnis der Aufgabenteilung (»Rollendifferenzierung«) interpretieren, aber auch als Bestätigung der Regel, daß die Liebe zu den Verwandten (ausgedrückt in der Übereinstimmung der Ansichten über Kindererziehung) mit dem Grad der Entfernung zu ihnen zunimmt.

Der Perzeption von elterlichen Erziehungseinstellungen und -praktiken durch Kinder wird eine höhere Validität zugeschrieben als den von Eltern geäußerten Meinungen (N. M. Serot, R. C. Teevan, 1961; P. Ausubel et al., 1954). So standen Urteile von Lehrern in einer Untersuchung von S. Cox (1970) in einem engeren Zusammenhang zu der Wahrnehmung der »loving-rejecting«-Dimension von Eltern durch deren Kinder als zu den direkt von Eltern erhaltenen Werten auf dieser Skala. Die Beziehung zwischen der Per-

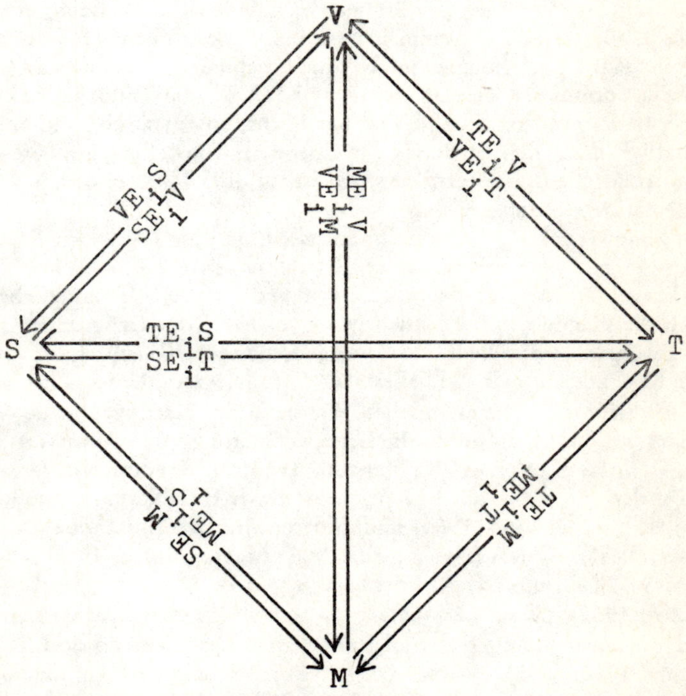

Abb. 11: Schematische Darstellung der Einstellungen zwischen einzelnen Familienmitgliedern

zeption der Kinder und der Selbstperzeption der Mütter und Väter auf dieser Dimension waren sehr gering (.17 bzw. .32). Auch die von A. Davids und P. K. Hainsworth (1967) untersuchten Beziehungen zwischen der mütterlichen Selbstperzeption ihres Erziehungsstils mittels 6 PARI-Skalen sowie 2 PARI-Faktor-Skalen und der Perzeption des mütterlichen Erziehungsstils durch ihre Kinder wiesen bei einer Gruppe von Schülern mit niedriger Schulleistung (N = 48) überhaupt keinen Zusammenhang auf, bei Schülern mit guter Schulleistung (N = 29) war nur bei zwei Skalen (deification, control factor) eine signifikante mittlere Übereinstimmung festzustellen (.51 bzw. .40). Daraus kann man den Schluß ziehen, daß durch die Berücksichtigung solcher Variablen (z. B. $S(VE_iS)_R$, $S(ME_iS)_R$, $T(VE_iT)_R$, $T(ME_iT)_R$) »bessere«, d. h. in einem engeren Zusammenhang mit Kriteriumsmaßen stehende Modelle des elterlichen Erziehungsstiles konzipiert werden können.

Nach Laing et al. (1973, S. 168) besteht kein Grund zu der Annahme, daß nicht auch noch komplexere Größen verhaltenssteuernden Einfluß ausüben können, z. B. die Wahrnehmung der Person V der Wahrnehmung der Person M der Beziehung zwischen V und S. Auf dieser Meta-Meta-Ebene ist beispielsweise die Aussage »meine Frau glaubt, ich vergöttere meinen Sohn«, zu lokalisieren. Daß durch die Unterscheidung dieser verschiedenen Ebenen ganz konkrete Mißverständnisse zwischen Personen geklärt werden können (R. D. Laing et al., 1973, S. 80), beweist die empirische Fruchtbarkeit dieser Differenzierungen. Prinzipiell können solche »Wahrnehmungsspiralen« ins Unendliche fortgesetzt werden. Ferner wird durch die Tatsache, daß in der Erziehungsstilforschung bisher nur höchst unvollständig und unsystematisch die erste und die zweite Ebene der Einstellungen zwischen Familienmitgliedern untersucht wurden, auf die Lücken in dem Wissen in diesem Bereich hingewiesen.
Man könnte auch die Vermutung anstellen, daß die bisherigen Ergebnisse von niedrigen bis mittleren Korrelationen zwischen Variablen des Erziehungsstils auf der kognitiven und auf der Verhaltensebene durch die mangelnde Berücksichtigung solcher Differenzierungen zurückzuführen ist. Diese hier vorgenommene Konzipierung von Variablen könnte man schließlich in Parallele zur Berücksichtigung von mediierenden Prozessen sehen, wie sie in der Lernpsychologie eingeführt wurden; z. B. durch die Berücksichtigung von »Selbstverstärkung« (F. H. Kanfer, A. R. Marston, 1963; A. Bandura, B. Perloff, 1967), der »Selbstbestrafung« (L. J. Stone, J. E. Hokanson, 1969; J. Sandler, J. Quagliano, 1964) und anderer »innerer Zustände« (N. E. Miller, 1951; A. Kaufman et al., 1966; M. J. Fuhrer, P. E. Baer, 1965; W. S. Grings, R. A. Lockhart, 1963; B. B. Chatterjee, C. W. Eriksen, 1962), deren Vorkommen zwar von Skinner nicht bestritten wird, die seiner Meinung aber nicht verhaltensbeeinflussend sind (B. F. Skinner, 1953, S. 35). Man könnte sich durch solche Verkomplizierungen auch zu der Vermutung gedrängt fühlen, daß je abstrakter die mitkonzipierten Variablen sind, desto konkretere Handlungsverläufe

Erste Ebene von Einstellungen	Zweite Ebene von Einstellungen (Meta-Ebene)	Dritte Ebene von Einstellungen (Meta-Meta-Ebene)
$V(VE_iS)_R$: Bild, das der Vater von seiner Beziehung zu seinem Sohn hat.	$M(VE_iS)_R$: Bild, das die Mutter von der Einstellung des Vaters zu seinem Sohn hat.	$V(M(VE_iS)_R)_R$: Bild, das der Vater von dem Bild seiner Frau von seiner Einstellung zu seinem Sohn hat.
		$S(M(VE_iS)_R)_R$: Bild, das der Sohn von dem Bild seiner Mutter von der Einstellung seines Vaters zu ihm hat.
		$T(M(VE_iS)_R)_R$: Bild, das die Tochter von dem Bild ihrer Mutter von der Einstellung ihres Vaters zu ihrem Bruder hat.
	$S(VE_iS)_R$: Bild, das der Sohn von der Einstellung seines Vaters zu ihm hat.	$V(S(VE_iS)_R)_R$: Bild, das der Vater von dem Bild seines Sohnes von seiner Einstellung zu ihm hat.
		$M(S(VE_iS)_R)_R$: Bild, das die Mutter von dem Bild ihres Sohnes von der Einstellung ihres Mannes zu ihrem Sohn hat.
		$T(S(VE_iS)_R)_R$: Bild, das die Tochter von dem Bild ihres Bruders von der Einstellung ihres Vaters zu ihrem Bruder hat.
	$T(VE_iS)_R$: Bild, das die Tochter von der Einstellung ihres Vaters zu ihrem Bruder hat.	$V(T(VE_iS)_R)_R$: Bild, das der Vater von dem Bild seiner Tochter von seiner Einstellung zu seinem Sohn hat.
		$M(T(VE_iS)_R)_R$: Bild, das die Mutter von dem Bild ihrer Tochter von ihres Mannes Einstellung zu seinem Sohn hat.
		$S(T(VE_iS)_R)_R$: Bild, das der Sohn von dem Bild seiner Schwester von seines Vaters Einstellung zu ihm hat.

Tab. 10: Einstellungen und ihre Repräsentation in kognitiven Systemen der anderen Interaktionspartner, dargestellt am Beispiel der Einstellung eines Vaters zu seinem Sohn

erklärt werden können; was auch wiederum bedeuten würde, daß dadurch gezieltes Eingreifen, um bestimmte gewünschte Ziele zu erreichen, leichter möglich wird.

Zusammenfassend sei festgehalten:

(1) Einstellungen werden als deskriptive Urteile einer Person hinsichtlich ihrer eigenen Kognitionen, Affekte und Handlungstendenzen gegenüber einem Einstellungsobjekt aufgefaßt.

(2) Die für die Erziehungsstilforschung bisher berücksichtigten Einstellungen sind von anderen nur durch das Einstellungsobjekt (Erzieher/Erzogene) abgegrenzt, vermutlich bestehen aber Interdependenzen (R. Tausch, 1966, S. 189) zwischen den Einstellungen zu anderen Objekten (Vater/Mutter/Sohn/Tochter).

(3) Neben Einstellungen auf der ersten Ebene lassen sich auch Bilder von Einstellungen bzw. Bilder von Bildern von Einstellungen usw. unterscheiden, von denen angenommen werden kann, daß sie ebenso handlungsbestimmend sind. Da Bilder von Einstellungen selbst wieder deskriptive Urteile darstellen und kognitive, affektive und volitive Komponenten mit umschließen, kommt ihnen ebenfalls Einstellungscharakter zu.

6.2. Normative Orientierungen

Die Betrachtung von vorherrschenden Wertorientierungen hat sich zur Unterscheidung von verschiedenen Sozialisationsmilieus als brauchbar erwiesen (W. E. Lambert et al., 1971; M. Rokeach, S. Parker, 1970; M. Kohn, 1969; A. Inkeles, 1960), daher sollen solche Konzeptionen auch bei der Systematik von Erziehungsstilvariablen berücksichtigt werden (L. Kell, J. Aldous, 1960).

Es würde hier allerdings zu weit führen, wollte man erst die Begriffe Norm, Wert, Ziel u. ä. untersuchen, begrifflich voneinander abgrenzen oder in Beziehung zu Begriffen ähnlicher denotativer und konotativer Bedeutung setzen (E. Morscher, G. Zecha, 1972). Vielmehr gehen wir in Anschluß an J. Friedrichs (1968, S. 87; zit. nach U. D. Filipp, K. A. Schneewind, 1974, S. 22) davon aus, daß solche Unterscheidungen für die empirische Forschung nicht unbedingt zu fruchtbaren Ansätzen führen. Abgesehen von den Schwierigkeiten, die mit der Verwendung der Ausdrücke »Norm«, »Wert«, »Ziel« usw. zusammenhängen, kommen aber noch weitere durch die verschiedenen verwendeten Erziehungsbegriffe hinzu, wenn von »Erziehungszielen« gesprochen wird. So definiert W. Brezinka am Ende seiner Untersuchung über »Erziehungsziel«:

»Unter einem Erziehungsstil wird eine Norm verstanden, die eine für Educanden als Ideal gesetzte psychische Disposition (oder ein Dispositionsgefüge) beschreibt und vom Erzieher fordert, er solle so handeln, daß der Educand befähigt wird, dieses Ideal so weit wie möglich zu verwirklichen« (1974, S. 155).

Da in dieser Definition unter »Erziehung« ein zweckgerichtetes Handeln verstanden wird, so ergibt sich daraus zwangsläufig der zweite Teil der Definition, nämlich die »Aufgabennorm« für den Erzieher. In anderen Definitionen, denen keine Explikation des verwendeten Erziehungsbegriffes vorausgeht, bzw. in denen »Erziehung« gleichbedeutend mit sozialem Interaktionsgeschehen zwischen Erziehern/Erzogenen aufgefaßt wird, wird nur die Forderung des Erziehers gegenüber dem Erzogenen gesehen. So schreibt R. Tiedtke:

»Elterliche Erziehungsziele sind zu einem bestimmten Zeitpunkt von der Elternperson verbal geäußerte angestrebte Verhaltensweisen oder Eigenschaften ihres Kindes, unabhängig von ihrer Realisierbarkeit« (1971, S. 13).

Diese Festlegung, die vor allem an der Erfassungsmöglichkeit von »Erziehungszielen« durch Befragungsmethoden orientiert ist, sagt nichts anderes aus, als durch die Alltagserfahrung nahegelegt wird, nämlich daß Eltern bestimmte Idealvorstellungen über das Werden ihrer Kinder haben. In wieder einer anderen Begriffsfestlegung (U.-D. Filipp, K. A. Schneewind, 1974, S. 22) wird ebenfalls von einem sozialen Geschehensbegriff der Erziehung ausgegangen (bzw. mit Erziehung der Tatbestand umschrieben, daß Eltern und Kinder miteinander interagieren):

»Ein Erziehungsziel ist ein zu einem bestimmten Zeitpunkt von einer bestimmten Elternperson meist verbal geäußertes, präskriptives Urteil hinsichtlich der eigenen Verhaltensweisen bzw. Eigenschaften in bezug auf ein bestimmtes Kind bzw. der kindlichen Verhaltensweisen bzw. Eigenschaften« (1974, S. 22).

»Erziehungsziele« sind in dieser Definition also nicht nur Ideale, die ein Erzieher hinsichtlich eines Educanden verfolgt, sondern auch solche, die er für sein eigenes Verhalten diesem gegenüber anstrebt. Demgegenüber wäre unser Vorschlag, daß das in dieser Definition Gemeinte nicht mit »Erziehungsziel« bezeichnet werden sollte, sondern daß man, um den mißverständlich gebrauchten und für die nachfolgenden Ausführungen unnötigen Erziehungsbegriff zu umgehen, einfach von »normativen Orientierungen« sprechen sollte, welche für die eventuelle Erklärung des Interaktionsverhaltens zwischen Erziehern/Erzogenen herangezogen werden können.
Vorläufer für die von Filipp und Schneewind getroffene Einteilung war die Untersuchung von L. M. Stolz (1967), in welcher es wesentlich um die um Erziehung zentrierten normativen Orientierungen von Eltern ging. Von der Autorin wurden dabei »values for parenthood« (a.a.O., S. 29) von »values for child-rearing« (a. a. O., S. 41) unterschieden. Bei den ersteren handelt es sich nach A. Engfer et al. (1973, S. 6) um »präskriptive Urteile über angestrebtes elterliches Verhalten

in bezug auf Kinder (›Eltern sollten ihren Kindern gegenüber verständnisvoll sein‹)«, bei den zweiten um »präskriptive Urteile einer Elternperson über das bei einem Kind angestrebte Verhalten«.
Geht man in Analogie zum Einstellungsbegriff davon aus, daß das Objekt, hinsichtlich dessen man gewisse Zielvorstellungen hat, wieder von gewisser Spezifität oder Globalität sein kann, so wird man unter diesen normativen Orientierungen auch sog. »Rollenerwartungen« subsumieren können. In Anlehnung an die Unterscheidung von Stolz kann man nun in der Erziehungsstilforschung normative Orientierungen erfassen, die ein Erzieher in bezug auf sich selbst oder Erzieher im allgemeinen besitzt (»ein idealer Vater verliert nie die Geduld mit seinen Kindern«, »eine Mutter soll auch einmal streng durchgreifen können«) und solche, die er hinsichtlich seiner Kinder verfolgt (»mein Sohn soll sich einmal durchsetzen können«, »meine Kinder sollen vor allem gehorchen lernen«). Wenn Einstellungen sozusagen das Realbild beinhalten, das Erzieher oder Erzogene von sich, von anderen oder von ihrer Beziehung zu anderen besitzen, so sind mit diesen normativen Orientierungen Idealbilder von diesen Sachverhalten gemeint (vgl. Tab. 11).

Auch die Vorstellungen, die ein Vater (eine Mutter) von einem Erzieher im allgemeinen hat (generalisierte Rollenerwartungen) müßten hier erwähnt werden. E. N. Duvall (1946) hat solche normativen Orientierungen von Müttern und Kindern an sich, wie sie an einer Stichprobe von 433 Müttern festzustellen waren ($M(M)_I$, $M(K)_I$) erhoben. Leider wurden die Aspekte dieser Idealbilder nur einer sehr groben Kategorisierung (traditional vs. developmental concepts) unterzogen und eine korrelationsstatistische Auswertung fehlt ebenfalls. G. Lutte et al. (1969) gingen den Idealen nach, welche Kinder an ihren Eltern besonders schätzten ($S(V)_I$, $S(M)_I$, $T(V)_I$, $T(M)_I$). Unter anderem ergaben sich andere Rangreihen der geschätzten Persönlichkeitszüge für Jungen und Mädchen sowie Volks-, Berufs- und Oberschülern.
Diese Liste der normativen Orientierungen ließe sich beliebig verlängern, da ja auch von Einstellungen aller Ebenen (z. B. $SE_iM, \dots M(VE_iS), \dots, M(S(ME_iT)_R)$) Idealbilder vorhanden sein können. Normative Orientierungen sind außerdem nicht nur auf die Sicht der Eltern zu beschränken, sondern auch auf Kinder auszudehnen ($S(V)_I, \dots, T(V)_I \dots, S(VE_iS)_I \dots, T(VE_iT)_I \dots$). Diese Ziele, die eine Person in bezug auf eine andere besitzt, können zusätzlich von sehr verschiedener Spezifität sein, und von allgemeinen Lebenszielen (»Mein Sohn sollte einmal möglichst glücklich werden.«) bis zu ganz konkreten Einzelverhaltensweisen reichen (»Meine Tochter sollte nicht immer die Tür so laut zuschlagen.«).
Einem Vorschlag folgend (P. B. Baltes, 1966, S. 210), auf den man auch im Rahmen des interaktionalistischen Ansatzes stoßen könnte, sind auch die Beziehungen zwischen diesen normativen Orientierungen und der Perzeption bei anderen Personen in Untersuchungen zum Erziehungsstil mit einzubeziehen. Dieser Vorschlag wurde auch von K. A. Schneewind (1974 b, S. 31) verfolgt, der in seine Untersuchungen das vermutete Sollbild der Mutter (des

Tab. 11: Differenzierung von normativen Orientierungen am Beispiel des Vaters als Träger solcher normativer Orientierungen

Abkürzung	Bedeutung	Beispiel
$V(V)_I$	Idealbild, das der Vater von sich als Erzieher hat.	»Ich sollte meinen Kindern gegenüber immer die Geduld bewahren.«
$V(M)_I$	Idealbild, daß der Vater von seiner Frau (als Mutter) hat.	»Meine Frau sollte immer für die Kinder da sein.«
$V(S)_I$	Idealbild, das der Vater von seinem Sohn hat.	»Mein Sohn soll mit sich selbst fertig werden.«
$V(T)_I$	Idealbild, das der Vater von seiner Tochter hat.	»Meine Tochter sollte beruflich selbständig sein.«
$V(VE_iS)_I$	Idealbild, das der Vater von seiner Einstellung seinem Sohn gegenüber hat.	»Ich sollte meinem Sohn mehr Vertrauen entgegenbringen.«
$V(VE_iT)_I$	Idealbild, das der Vater von seiner Einstellung gegenüber seiner Tochter hat.	»Ich sollte mich mehr um meine Tochter kümmern.«
$V(VE_iM)_I$	Idealbild, das der Vater von seiner Einstellung gegenüber seiner Frau hat.	»Die Wünsche meiner Frau sollten mir genau so wichtig sein wie meine eigenen.«
$V(ME_iV)_I$	Idealbild, das der Vater von der Einstellung seiner Frau ihm gegenüber hat.	»Meine Frau sollte sich mehr für meine Hobbies interessieren.«
$V(SE_iV)_I$	Idealbild, das der Vater von der Einstellung seines Sohnes ihm gegenüber hat.	»Mein Sohn sollte das ernst nehmen, was ich sage.«
$V(TE_iM)_I$	Idealbild, das der Vater von der Einstellung seiner Tochter ihm gegenüber hat.	»Meine Tochter sollte mich nicht immer um alles fragen.«

Vaters) über den Sohn (die Tochter) aus der Sicht des Sohnes (der Tochter) mit aufgenommen hat ($S(M(S)_I)_R$; $S(V(S)_I)_R$; $T(M(T)_I)_R$; $T(V(T)_I)_R$.
In ähnlicher Konzeption ließen auch F. Masendorf und K. Tscherner (1973) einen Fragebogen zur Erfassung von drei Aspekten des Interaktionsverhaltens von Lehrern (»Unterstützung«, »Strenge«, »ausgleichendes Gewährenlassen«) und von Schülern ausfüllen, und zwar erhoben sie das Realbild des Lehrers (L) aus der Sicht von Schülern ($Sch(L)_R$), das gewünschte Idealbild des Lehrers von Schülern aus der Sicht des Lehrers ($L(Sch(L)_I)_I$) und das vermutete Realbild, das Lehrer von der Sicht ihrer Schüler von Lehrern besitzen ($L(Sch(L)_R)_R$). U. a. stellte sich bei dieser Untersuchung heraus, daß Lehrer von ihren Schülern als unterstützender und weniger streng erlebt werden, als sie selbst vermuten ($Sch(L)_R \neq L(Sch(L)_R)_R$) und ebenso gab es Diskrepanzen zwischen den von Lehrern gewünschten und den tatsächlich erhaltenen Urteilen von den Schülern in dem Sinn, daß Lehrer tatsächlich weniger unterstützend, ausgeglichen und strenger beurteilt wurden, als sie es wünschten ($Sch(L)_R \neq L(Sch(L)_I)_I$). Eine gewisse Ausnahme bilden dabei sehr

strenge Lehrer: sie werden von den Schülern als streng beurteilt, wünschen und vermuten aber auch diese Beurteilung.

Prinzipiell steht auch die Einführung von Meta-Ebenen in dem Bereich der normativen Orientierungen offen. Allerdings sind die Beziehungen auf der ersten Ebene noch sehr unvollständig bekannt, sodaß dieser Vorschlag etwas illusionistisch erscheint. (Das hier angeführte Notationssystem soll möglichst eindeutige Bezeichnungen erlauben, und zwar Bezeichnungen von Sachverhalten, die man wegen der Ungenauigkeiten der Alltagssprache [wie das Fehlen von Klammern, Doppelbedeutung von rückbezüglichen Fürwörtern] sonst nicht erreicht. Man beachte beispielsweise, daß $M(S(VE_iS)_R)_I$ nicht gleichbedeutend mit $M(S(VE_iS)_I)_R$ ist.)

6.3. Instrumentelle Überzeugungen

Während sich die im vorigen Punkt besprochenen Aspekte des Erziehungsstils auf zu erreichende oder als ideal angesehene Persönlichkeitsmerkmale von Erziehern/Erzogenen und die diesen Idealen korrespondierenden Wahrnehmungen bezogen haben, wird unter instrumentellen Überzeugungen (instrumentellen »Normen«) verstanden, »was — nach Meinung der Eltern — unter gegebenen Bedingungen pädagogisch im einzelnen geschehen soll. Es handelt sich also um die elterlichen Vorstellungen von den Wegen, die zur Vermittlung der elterlichen Wertorientierung an das Kind einzuschlagen wären« (K. Mollenhauer, 1968, S. 274). Genauer: »An instrumental belief asserts that a relation exists between an act and a value« (L. M. Stolz, 1967, S. 89). Instrumentelle Überzeugungen oder Normen beziehen sich somit auf die von Erziehern geteilten Ziel-Mittel-Relationen oder auf die »elterlichen Urteile über den funktionalen Zusammenhang von Erziehungszielen und Erziehungspraktiken« (A. Engfer et al., 1973, S. 17). Unter Umständen stellen sie die Brücke zwischen dem Verhaltensrepertoire von Erziehern, den von ihnen in einer bestimmten Situation angestrebten Zielvorstellungen und dem tatsächlichen Verhalten dar. Daß solche Ziel-Mittel-Relationen für Erzieher verhaltensrelevant werden, setzt natürlich nicht voraus, daß sie auch tatsächlich wissenschaftlich bewährt sind; man kann sogar ziemlich sicher annehmen, daß dies nur zu einem geringen Teil der Fall ist (W. Winkelmann, 1970). Da die elterlichen instrumentellen Überzeugungen nicht als wissenschaftlich bewährt angesehen werden können, sind sie auch von K. Mollenhauer zusammen mit den normativen Orientierungen von Eltern als »elterliche Erziehungsideologie« (1968, S. 276) bezeichnet worden.

Die Bedeutung dieser instrumentellen Überzeugungen (und der dadurch begründeten Handlungen) zeigt sich in dem Vorschlag von H. Heckhausen, den Begriff Erziehungsstil nur auf diese Variablengruppe der Erzieher-/Erzogenenmerkmale zu beschränken. Seine Definition von Erziehungsstil als »unterschiedliche Instrumentalität bei gleichen Erziehungszielen« (1966, S. 55) setzt voraus, nur solche Erzieher miteinander zu vergleichen, welche dieselben Erziehungsziele verfolgen (1966, S. 49). Bei einer solchen Beschränkung könnte man aber nicht mehr die Frage stellen, inwieweit gleiche Instrumentalität (entweder auf der Ebene der Überzeugungen oder der Handlungen) auch bei Erziehern, die unterschiedliche Erziehungsziele verfolgen, vorliegen können, bzw. ob nicht bestimmte Erziehungsziele überhaupt mit ausgewählten instrumentellen Handlungen kovariieren.

Beispiele für solche instrumentellen Überzeugungen sind, wie bereits im Anschluß an die Kritik des PARI (A. Engfer et al., 1973, S. 25) aufgezeigt wurde, in vielen Fragebogeninstrumenten zur Erfassung des elterlichen Erziehungsstils enthalten, z. B.: »Strict discipline develops a fine character« (E. S. Schaefer, R. Q. Bell, 1958). »If parents refrain from punishing a child, they will spoil him« (W. Itkin, 1952). »The child who bites his nails should be shamed« (H. C. Lindgren, G. M. Patton, 1958). »Pupils learn to study only by doing some real hard studying« (C. Mitchell, 1941).
Ein Fragebogenverfahren, das nur aus (1) normativen Feststellungen gemischt mit (2) instrumentellen Überzeugungen besteht, stammt von L. H. Stott und M. P. Berson (1951). Beispiele (a. a. O., S. 194) sind (1) »A baby should give up the bottle by 12 monts.« »A child should not be allowed to stay up beyond his bedtime.« (2) »Too much love and affection make children overdependent.« »If a child does not accept toilet training easily, it is a good idea to administer a brief spankling right after he has wiled his diaper, so that he knows exactly why he is being spankled.« Für die Auswertung werden dann die Zustimmungen von Eltern zu diesen Items insgesamt aufaddiert, ohne auf solche konzeptionellen Unterschiede Rücksicht zu nehmen. Eine Möglichkeit, um dieser Kritik zu begegnen, wäre die Verwendung von einzelnen Items anstatt von Einstellungsskalen. Dieser »Rückschritt« auf eine einfachere Ebene bedeutete aber auch, daß man auf die differentiellen Reaktionsmöglichkeiten gegenüber Einstellungsobjekten besser Rücksicht nehmen könnte. Praktisch angewendet und ausgewertet wurde diese Variante in einer für Deutschland repräsentativen Untersuchung durch H. Haase (1973); die Repräsentativität gilt allerdings nur hinsichtlich der Versuchspersonen- und nicht der Itemstichprobe.

Da in der Erziehungsstilforschung hauptsächlich der Einfluß der Erzieherperson auf den Educanden betrachtet wurde, und nicht gleichzeitig der »Nebeneinfluß« (U.-D. Filipp, 1971, S. 3) des Educanden auf den Erzieher, wurden instrumentelle Überzeugungen, die von Kindern geteilt werden, bisher nicht untersucht. Man kann freilich auch annehmen, daß Kinder bestimmte Verhaltensstrategien (deren kognitive Repräsentation die genannten instrumentellen Überzeugungen darstellen) ausgebildet haben, um ihre Ziele durchzusetzen (»Wenn ich lange darum frage, dann bekomme ich doch alles, was ich mir wünsche.« »Wenn ich meinem Vater schmeichle, dann kann er nicht auf mich böse sein.«).

In Analogie zu den bisherigen Variablenaufteilungen müßten die kindlichen Perzeptionen von elterlichen Ziel-Mittel-Relationen mit in die Erziehungsstilforschung einbezogen werden. Will man zusätzlich eine Darstellung und Erklärung des gesamten Interaktionsgeschehens zwischen Erziehern und Erzogenen geben, so wären auch die elterlichen Wahrnehmungen der instrumentellen Überzeugungen von Kindern zu untersuchen. Diese instrumentellen Überzeugungen könnten darüber hinaus die Grundlage für ein modellbildendes Vorgehen in der Erziehungsstilforschung nach den Prinzipien der Entscheidungstheorie (H. Gachowetz, 1974; W. Kirsch, 1970, 1971; W. Edwards, A. Tversky, 1967) darstellen und auf der Basis der vorliegenden Ansätze (O. G. Brim et al., 1962) geeignete Modelle zur Verhaltensvorhersage von Eltern und Kindern in konkreten Situationen liefern.

6.4. Merkmale des Interaktionsverhaltens

Neben den bisher besprochenen Merkmalen, die für die Erziehungsstilforschung bedeutsam sind, wurde das Hauptaugenmerk natürlich auch auf das konkrete Verhalten von Erziehern gegenüber Erzogenen gelegt. Wie aus den erwähnten globalen Differenzierungen des Erziehungsstils hervorgegangen ist, wird diese Seite des Variablenspektrums mit der Bezeichnung »Erziehungspraktiken« oder »instrumenteller Erziehungsstil« abgedeckt. Beispiele für konkrete Erziehungspraktiken lassen sich natürlich beliebig viele finden, angefangen vom Streicheln eines Kleinkindes, wenn es ein Wort richtig ausgesprochen hat, bis zum Einsperren eines zehnjährigen Buben in die Besenkammer, wenn er seinen Eltern widersprochen hat. Aus solchen und ähnlichen Beispielen, zusammen mit den begriffsanalytischen Untersuchungen des Wortes »Erziehung« (W. Brezinka, 1974) geht hervor, daß Erziehungspraktiken eine Unterklasse aller Interaktionsprozesse zwischen Erziehern und Erzogenen sind, nämlich solche, die bis zu einem gewissen Ausmaß mit einer bestimmten Absicht vom Erzieher gesetzt werden. Für die Erziehungsstilforschung sind zusätzlich die Interaktionen von Interesse, bei denen eine solche Zielgerichtetheit und Absichtlichkeit von vornherein nicht feststeht.

Bei einer unvoreingenommenen Beobachtung von Verhaltensabläufen könnte man sogar das Verhalten des Educanden als unabhängige Variable betrachten, das Erzieherverhalten als dazugehörige Reaktion (J. D. Osofsky, E. J. O'Connell, 1972). Dieser Einfluß auf das Erwachsenenverhalten, der nur selten thematisiert wurde, konnte auch unter experimentellen Bedingungen nachgewiesen werden (M. R. Yarrow et al., 1971). Es wurde dabei so vorgegangen, daß Kindergärtnerinnen dahingehend instruiert wurden, sich gegenüber allen Kindern gleich hoch oder niedrig fürsorglich zu verhalten. Durch direkte Verhaltensbeobachtungen konnte dann nachgewiesen werden, daß die positiven und negativen Reaktionen der Erzieherinnen systematisch modi-

fiziert wurden durch Eigenschaften der Kinder, und zwar durch das von ihnen gezeigte Abhängigkeitsverhalten, durch deren freundliche und aggressive Interaktionen untereinander und schließlich auch mit dem Geschlecht der Kinder variierten. Ebenso wurden die gefundenen Beziehungen zwischen Intelligenz von Kindern und dem Ausmaß von Leistungsstimulation (.72), sozialer Stimulationen (.65) und Reizanpassung (.69) von L. J. Yarrow und M. S. Goodwin (1965) nicht nur im Sinne des üblichen Schemas interpretiert, nach welchen Eigenschaften von Kindern als Folge mütterlichen Verhaltens gelten: »...from an interactional frame of reference we could interpret these correlations as reflecting the infant's impact on the mother. The infant with the higher level of alertness and responsiveness is likely to elict more stimulation. He may be held more, talked to more frequently and given more achievement stimulation« (a. a. O., S. 478).
Um den Einfluß des Verhaltens von Kindern auf Erwachsene festzustellen, wurde in einer Arbeit von J. D. Osofsky (1971) umgekehrt vorgegangen: Kinder mußten lernen, eine bestimmte Rolle bei Lernaufgaben zu übernehmen (abhängiges, unabhängiges und begriffsstutziges Verhalten), die sie gemeinsam mit Erwachsenen (N = 65) durchführen sollten. Das Verhalten der Erwachsenen gegenüber den Kindern war dabei in sechs Verhaltensdimensionen in den drei Interaktionssituationen signifikant unterschiedlich.

Es ergeben sich demnach begriffliche Schwierigkeiten oder zumindest Unklarheiten, wenn man den Ausdruck »Erziehungsverhalten« einmal verwendet, um eine Klasse von Interaktionen zu kennzeichnen, die nur durch die Anwesenheit der Personen Erzieher (Eltern, Lehrer)/Erzogene (Kinder, Schüler) von anderen Interaktionssituationen (Vorgesetzter/Untergebener, Ehemann/Ehefrau) abgegrenzt sind, und wenn ferner mit dem Wort »Erziehung« Bedeutungen verbunden sind (nämlich »zielgerichtete soziale Handlungen«), die den untersuchten Merkmalsbereich stark einschränken würden. Ein lapidarer Ausweg könnte darin bestehen, daß man anstatt von »*Erziehungs*verhalten« nur mehr von »*Erzieher*verhalten« spricht, wobei man es als nachgeordnete Frage betrachten kann, welche Intentionen der Erzieher mit seinen Handlungen, sofern sie überhaupt bewußt von ihm gesetzt worden sind, verbunden wissen wollte.
Auf der Ebene der Interaktionsmerkmale kann man Verhaltensvariable von Erziehern (von denen eine Untergruppe die genannten Erziehungspraktiken darstellen) von Verhaltensmerkmalen der Erzogenen unterscheiden. Der primäre methodische Zugang zu diesem Aspekt des Erziehungsstils besteht in den verschiedenen Techniken direkter Verhaltensbeobachtung (K. A. Clarke-Stewart, 1973; H. Lytton, 1971; R. Q. Bell, 1964, 1960). Die Analyse des Interaktionsverhaltens zwischen Eltern und Kindern (Vater/Kind, Mutter/Kind) kann dabei auf unterschiedlich komplexen Niveaus von Verhaltenseinheiten erfolgen, beginnend von der Registrierung nonverbaler Reaktionsweisen wie Dauer des Blickkontaktes, Häufigkeit des Lächelns (R. Harrison, 1974; L. Knapp, 1972), Anzahl sozialer Kontaktaufnahmen (P. J. Aston, G. Dobson, 1972) usw. bis hin zu globalen Verhaltensabläufen

(M. Popp, 1974; E. S. Schaefer et al., 1959; A. L. Baldwin et al., 1949, 1945; H. Champney, 1941).

Verhaltensbeobachtungen, welche die Präsenz von Erzieher/Erzogenen voraussetzen, beziehen sich nach einer Unterscheidung von K. A. Schneewind (1966, S. 45) auf das *unmittelbare* Erziehungsverhalten (oder eig. Erzieherverhalten, wenn man nicht eine starke Einschränkung der erfaßten Interaktionsvariablen bzw. Mehrdeutigkeiten bei der Verwendung des Wortes »Erziehung« in Kauf nehmen will) im Unterschied zu dem *mittelbaren* Erziehungsverhalten, das eine Präsenz des Erzogenen nicht voraussetzt. Das unmittelbare Erziehungsverhalten wird von Schneewind noch in *gerichtetes* und *ungerichtetes* eingeteilt, und zwar je nach dem Eltern und Kinder explizit miteinander interagieren oder nicht (z. B. bloße Anwesenheit). Allerdings dürfte diese Unterscheidung kaum durchgängig durchführbar sein, da man in beiden Fällen gegenseitige Beeinflussungen voraussetzen kann (P. Watzlawik et al., 1972, S. 50; E. E. Jones, J. W. Thibaut, 1964, S. 51).

Direkte Verhaltensbeobachtungen stellen vermutlich relativ valide Mittel zur Erfassung von Interaktionsmerkmalen (Erziehungspraktiken) dar, obwohl es natürlich auch hier eine Reihe methodischer Probleme zu lösen gibt: z. B. Störeffekte durch den anwesenden Beobachter, Definition und Realibilität der Beobachtungskategorien, artifizielle Beobachtungssituationen, Verhaltensweisen, die nur sehr selten auftreten, die dennoch einflußreich sein können, Ausfilterung der »wesentlichen Informationskomponenten« usw; sie sind aber zugleich sehr aufwendige und unökonomische Verfahrensweisen. Einfacher, aber vermutlich von vornherein problematischer, sind Befragungsversuche von Eltern/Erziehern oder deren Kinder/Schüler über Erziehungspraktiken und konkrete Erzieherverhaltensweisen. Einfacher, da man in relativ kurzer Zeit ein breites Spektrum von Verhaltensweisen abfragen kann, ohne auf das Auftreten von vielleicht selten vorkommenden Verhaltensweisen warten zu müssen und ohne auf Probleme der Beobachterobjektivität Rücksicht nehmen zu müssen. Problematischer, da bei einem solchen Vorgehen alle die aus der Fragebogen- und Interviewdiagnostik bekannten Verfälschungstendenzen auftreten können.

Um nochmals die Notwendigkeit der Trennung von Maßen des Erzieherverhaltens zu demonstrieren, kann man auf die unterschiedlichen Korrelationen verweisen, die man zwischen Verbalverhalten, tatsächlichen Verhaltensbeobachtungen und Außenkriterien erhält. In einer Untersuchung von H. F. Antonovsky (1959), die allerdings nur an 9 Beobachtungseinheiten durchgeführt wurde, wurde das Erziehungsverhalten der Mütter auf drei verschiedene Weisen erhoben, und zwar mittels (1) eines strukturierten und (2) eines unstrukturierten Interviews sowie (3) durch Verhaltensbeobachtungen. Die Beziehungen, welche zu Aspekten des Kindverhaltens auffindbar waren, differierten dabei sehr erheblich von Methode zu Methode (Tab. 12).

Tab. 12: Zusammenhänge zwischen methodisch unterschiedlich erhobenen Mutter- und Kindvariablen (H. F. Antonovsky, 1959, S. 44—46)

Kind Variable		Mütter Variable			
		Affektiver Kontakt	Forderungen	Restriktionen	Bestrafungen
Hilfesuchen	(1)	—.50	.31	.40	.37
	(2)	—.08	.12	.10	—
	(3)	.04	.50	—	.03
Affektiver Kontakt	(1)	.29	—.15	.21	—.24
	(2)	.52	—.38	—.02	—
	(3)	.60	—.18	—	—.07
Noninteraktives Spiel	(1)	.59	—.51	.43	—.71
	(2)	.85	—.86	.74	—
	(3)	.78	—.70	—	.21
Unnachgiebigkeit/Nachgiebigkeit	(1)	—	—.49	.58	—.07
	(2)	—	—.23	.27	—
	(3)	—	—.07	—	—.14
Initiative	(1)	.50	—	—.65	—
	(2)	.63	—	—.32	—
	(3)	—.22	—	—	—

Die so erhobenen Fragebogen- oder Interviewdaten wurden in der Erziehungsstilforschung bisweilen als dem faktischen Erzieherverhalten äquivalent betrachtet (E. Littmann, E. Kasielke, 1970; W. W. Meissner, 1965; L. Minturn et al., 1964; D. R. Miller, G. E. Swanson, 1958; R. R. Sears et al., 1957). Gegenüber dieser Praxis wäre unser Vorschlag, Berichte über Erzieherverhalten grundsätzlich getrennt von Beobachtungen tatsächlich offenen Verhaltens zu betrachten. Dies gilt auch dann, wenn Diskussionen über erziehungsschwierige Situationen mit Kindern von Elternpaaren durch objektive Methoden festgehalten und von unabhängigen Beurteilern nach vorgegebenen Kriterien relativ zuverlässig geratet werden (P. Duncan, 1971), denn auch in diesem Fall geht es vorerst nur um das Verbalverhalten. Da solche Angaben entweder von den Erziehern oder den Erzogenen stammen können, ist aus diesen methodischen Gründen noch zusätzlich zwischen selbst- und fremdperzipiertem Erzieherverhalten zu unterscheiden. Da darüber hinaus nicht nur das Erzieherverhalten für den Interaktionsvorgang von Bedeutung ist, sondern auch die Reaktionen des Erzogenen, sind in die Erziehungsstilforschung auch das offene, bzw. das selbst- oder fremdperzipierte Erzogenenverhalten einzubeziehen. Diese Unterscheidungen (Abb. 12) können insofern von Bedeutung sein, als so unterschied-

	Verhaltensweisen des Erziehers	Verhaltensweisen des Erzogenen
Bericht des Erzogenen	Fremdperzipiertes Erzieherverhalten: $S(VB_i S)_R$, $S(MB_i S)_R$, $T(VB_i T)_R$, $T(MB_i S)_R$. "Mein Vater belohnt mich für eine gute Schulnote."	Selbstperzipiertes Erzogenenverhalten: $S(SB_i V)_R$, $S(SB_i M)_R$, $T(TB_i V)_R$, $T(TB_i M)_R$. "Ich helfe meiner Mutter, wenn sie mich darum bittet."
Bericht des Erziehers	Selbstperzipiertes Erzieherverhalten: $V(VB_i S)_R$, $V(VB_i T)_R$, $M(MB_i S)_R$, $M(MB_i T)_R$. "Ich schimpfe mit meiner Tochter, wenn sie spät nach Hause kommt."	Fremdperzipiertes Erzogenenverhalten: $V(SB_i V)_R$, $V(TB_i V)_R$, $M(SB_i M)_R$, $M(TB_i M)_R$. "Mein Sohn widerspricht mir bei jeder Gelegenheit."

Abb. 12: Verhaltensvariablen in der Erziehungsstilforschung, aufgegliedert nach Bezugsperson und Berichterstatter (B = behavior)

liche Interpunktationen bei Berichten über stattgefundene Interaktionen identifiziert werden können (P. Watzlawik et al., 1972, S. 57). Durch diese vorgenommenen Trennungen soll natürlich nicht nahegelegt werden, daß zwischen dem Interaktionsverhalten, wie es durch einen externen Beobachter feststellbar ist, und dem selbst- bzw. fremdperzipierten Erzieher- und Erzogenenverhalten keine Beziehung besteht. Die Art der Relation zwischen den Variablengruppen wird aber als offene Frage angesehen, und es wird angenommen, daß die durch die verschiedenen Datenquellen erhaltenen Informationen keineswegs als äquivalent betrachtet werden können (vgl. Abb. 13).

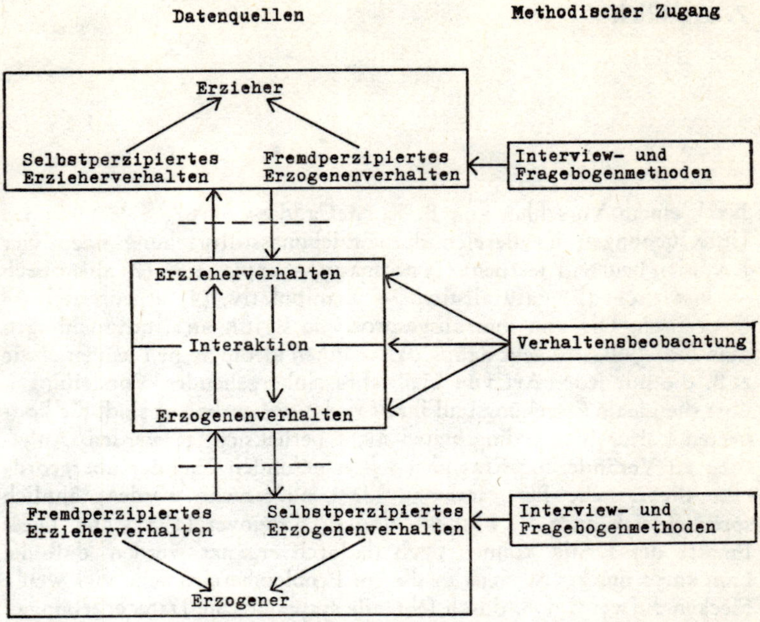

Abb. 13: Darstellung von Verhaltensvariablen der Eltern/Kind-Interaktion und Möglichkeiten des methodischen Zugangs

Festgehalten sei, daß in diesem Abschnitt auf Variablengruppen der Erziehungsstilforschung hingewiesen wurde, die um das Erzieher- und Erzogenenverhalten gruppiert waren und entweder in von außen feststellbaren Verhaltensmerkmalen von Erziehern und Erzogenen sowie deren Interrelation (z. B. Sequenzen) bestanden oder in der Repräsentation des eigenen oder des Verhaltens des Interaktionspartners (Selbst- und Fremdperzeption des Erzieher- und Erzogenenverhaltens).

7. Ausblick

Nach einem Vorschlag von B. R. McCandless (1967, S. 99) können Untersuchungen im Bereich der Erziehungsstilforschung nach vier Kriterien beurteilt werden: (1) normativ — explanativ, (2) ahistorisch — historisch, (3) naturalistisch — manipulativ, (4) atheoretisch — theoretisch. Die von ihm ausgesprochene Kritik an Untersuchungen zum Erziehungsstil geht dahin, daß in ihnen ideologische Elemente (wie z. B. die mit jeder Art von Heilslehre einhergehenden Vorstellungen über die ideale Erziehung und ihre Ergebnisse) enthalten sind, die konkreten kulturellen Bedingtheiten nicht berücksichtigt werden, Anleitung zu Veränderungsstrategien selten gefunden und der übergeordnete theoretische Bezugsrahmen nicht aufgesucht werden; ähnlich sprechen sich auch R. Plutchik und E. Kronovet (1959) aus. Diese Punkte der Kritik können noch dadurch ergänzt werden, daß die Landkarte unseres Wissens in diesem Problembereich sehr viel weiße Flecken aufweist, d. h. durch fehlende systematische Datenerhebungen zu kennzeichnen ist (K. A. Schneewind, 1974a; T. Bargel, 1973; U. Bronfenbrenner, 1961, S. 90). Als Beispiel dafür kann die Praxis gelten, (1) wegen leichterer Zugänglichkeit nur Mütter in die Untersuchungen einzubeziehen, Väter jedoch zu vernachlässigen, oder (2) aber Beziehungen zwischen Verhaltensweisen und Einstellungen zu untersuchen, wobei man sich nur eines Informanten bedient (L. D. Eron, T. J. Banta, 1961, S. 457), oder (3) folgenden Fehler zu machen: »when the mother serves as informant concerning her deeds and those of her child (as is so frequently found in the literature of childrearing studies), the problem of built-in correlations between socialization variables and child characteristics is created« (M. R. Yarrow, 1963, S. 220).

Blickt man auf die Seite der Anwendung von Ergebnissen der Erziehungsstilforschung, so muß man feststellen, daß das vorhandene Bedingungswissen über die Entstehung bestimmter überdauernder Persönlichkeitseigenschaften bei Kindern in Abhängigkeit bestimmter Merkmale der Eltern-Kind-Beziehung ebenfalls noch der Ergänzung bedarf, um als verläßliche Grundlage umfassender Veränderungsstrategien angesehen werden zu können. Beobachtungsergebnisse, wie z. B. die Ausbildung bestimmter Persönlichkeitseigenschaften in Kovariation mit Merkmalen des Eltern-Kind-Interaktionsgeschehens, bringen nicht automatisch die Möglichkeit von kontrollierter experimenteller Manipulation mit sich. Gerade die vorgeschlagene Aufgliederung der

Variablen des elterlichen Erziehungsstils ermöglicht es aber, verschiedene Ebenen voneinander zu isolieren, auf denen im Hinblick auf optimale Ergebnisse der Kindererziehung angesetzt werden kann (Umstrukturierung normativer Orientierungen, Bereicherung des Verhaltensrepertoires, Einübung spezifischer Verhaltensweisen, Überprüfung gängiger Ziel-Mittel-Vorstellungen, usw.). Da für praktisches Handeln aber nicht auf die zukünftigen Ergebnisse möglicher Forschungsprogramme gewartet werden kann und da ferner auch konvergierende Ergebnisse hinsichtlich veränderungswürdiger elterlicher Verhaltensweisen vorliegen (I. Langer et al., 1973; R. Tausch, A. Tausch, 1971), soll noch einmal kurz die Frage aufgeworfen werden, ob zur Zeit überhaupt diagnostische Möglichkeiten, d. h. Testverfahren in überprüfter Form vorliegen, um solche elterlichen Erziehungspraktiken, -einstellungen usw. verläßlich feststellen zu können. Bekanntlich wurden Verfahren für den Bereich des fremdperzipierten elterlichen Erziehungsstils im deutschen Sprachraum von Th. Herrmann et al. (1971), B. Minsel und B. Fittkau (1971), N. Viernstein (1972), E. H. Bottenberg et al. (1973), H. Ch. Heinrich (1974). I. Graudenz (1972), sowie von K. H. Schneewind et al. (1974a) vorgelegt. Für die Selbstperzeption elterlicher Erziehungseinstellungen können die Arbeiten von W. Seitz und P. Jankowski (1969), E. Littmann und E. Kasielke (1970), E. H. Liebhart und G. Liebhart (1971), N. Viernstein (1972), J. W. Mundt und M. Schmidt (1973), D. Rahm (1974) sowie ebenfalls von K. A. Schneewind et al. (1974b) genannt werden. Diese in den letzten Jahren doch auf sehr breiter Ebene entwickelten Verfahren sind aber primär nicht für eine Anwendung im Rahmen angewandter psychologischer Tätigkeit gedacht, sondern als Forschungsinstrumente konzipiert, teilweise zur Erkundung der Struktur des elterlichen Erziehungsstils überhaupt oder aber zur Untersuchung von Auswirkungen isolierter Aspekte des elterlichen Erziehungsstils; ebenso als Mittel zur Evaluation von Elterntrainingskursen (B. Minsel, 1974). Somit zeigt sich auch in diesem Bereich, daß der Abstand zu anwendungsbezogenen Ergebnissen der Erziehungsstilforschung, welche den vermutlich multifaktoriellen Bedingungen zur Erreichung von Erziehungszielen Rechnung tragen (W. Brezinka, 1969), noch groß ist.
Die methodologischen Bemühungen zur Erfassung von Eltern-Kind-Beziehungen haben aber schrittweise zu einer Klarstellung und zugleich auch zu einer Vervielfältigung der Probleme der Erziehungsstilforschung geführt. Während man sich in den ersten Ansätzen mit der versuchsweisen Strukturierung des Gebietes durch den »blinden« Einsatz von Faktorenanalysen begnügen konnte, stellt sich heute die Frage, wie die auf einer begrifflichen Ebene voneinander unterscheidbaren Aspekte des Problemgebietes, nämlich die auf Eltern- oder Kindseite feststellbaren erziehungsrelevanten Einstellungen, normativen Überzeugungen, Ziel-Mittel-Relationen und Verhaltensweisen,

aufeinander bezogen sind bzw. in welcher Weise sie sich gegenseitig bedingen. Damit rückt man von den frühen und einseitigen Konzeptionen ab, nach denen der elterliche Erziehungsstil so etwas wie eine einheitliche Größe ist, die durch eine Wortmarke nach dem Beispiel der Dichotomie autoritär-demokratisch zu bezeichnen sei. Der Entwurf und die Bewährung von Hypothesen über den funktionalen Zusammenhang dieser unterschiedlichen Merkmalsgruppen des Erziehungsstils ist eine Aufgabe, die noch zu leisten ist.

Literaturverzeichnis

Adams, B. N.: Interaction theory and the social network. Sociometry, 1967, 30, 64—78.

Allport, G. W.: Gestalt und Wachstum in der Persönlichkeit. Meisenheim 1970 (Hain).

— Pattern and growth in personality. New York 1961 (Holt).

— Persönlichkeit. Struktur, Entwicklung und Erfassung der menschlichen Eigenarten. Stuttgart 1949 (Klett).

Anderson, J. P.: A study of the relationships between certain aspects of parental behavior and attitudes and the behavior of junior high school pupils. In: Teachers College Contributions to Education, No. 809, 1940. New York, Columbia University.

Anderson, R. C.: Learning in discussions: A resumé of the authoritarian democratic studies. Harvard Educational Review, 1954, 29, 201—215.

Anthony, E. I./Bene, E.: A technique of the objective assessment of the child's family relationships. Journal of Mental Science, 1957, 103, 541—555.

Antonovsky, H. F.: A contribution to research in the area of the mother-child relationship. Child Development, 1959, 30, 37—51.

Argyle, M.: Soziale Interaktion. Köln 1972 (Kiepenheuer).

— Psychology and social problems. London 1965 (Methuen).

Armentrout, J. A./Burger, G. K.: Children's reports of parental child-rearing behavior at five grade levels. Developmental Psychology, 1972a, 7, 44—48.

— Factor analyses of college students' recall of parental childrearing behavior. Journal of Genetic Psychology, 1972b, 121, 155—161.

Asch, S. E.: Forming impressions of personality. Journal of Abnormal Psychology, 1946, 41, 258—290.

Aston, P. J./Dobson, G.: Family interaction and social adjustment in a sample of normal school children. Journal of Child Psychology and Psychiatry and Allied Disciplines, 1972, 13, 77—89.

Ausubel, D. P./Balthazar, E. E./Rosenthal, Irene/Blackman, L. S./Schpoont, S. H./Welkowitz, Jean: Perceived parent attitudes as determinants of children's egostructure. Child Development, 1954, 25, 173—183.

Ausubel, D. P./Schiff, H. M.: A preliminary study of developmental trends in socioempathy: accuracy of perception of own and others' sociometric status. Child Development, 1952, 23, 111—128.

Baldwin, A. L./Kalhorn, J./Breese, F. H.: The appraisal of parent behavior. Psychological Monographs, 1949 (Whole No. 299).

Baldwin, A. L./Kalhorn, J./Breese, F. H.: Patterns of parent behavior. Psychological Monographs, 1945, 58, 1—75.

Baltes, P. B.: Methodologische Überlegungen zur Erfassung der Beziehungen zwischen Erwachsenen und Jugendlichen. In: Herrmann, Th. (Hrsg.): Psychologie des Erziehungsstils. Göttingen 1966 (Hogrefe), 204—211.

Bandura, A.: Aggression, a social learning analysis. Englewood Cliffs 1973 (Prentice Hall).

— Principles of behavior modification. London 1969 (Holt).

Bandura, A./Perloff, B.: Relative efficacy of self-monitored and externally imposed reinforcement systems. Journal of Personality and Social Psychology, 1967, 7, 111—116.

Bargel, T.: Probleme der Rezeption empirischer Sozialisationsforschung. In: Walter, H. (Hrsg.): Sozialisationsforschung. Bd. I. Stuttgart-Bad Cannstatt 1973 (problemata), 119—138.

Barnes, E.: Punishment as seen by children. Pedagogic Seminary, 1894, 3, 235—245.

Bastine, R./Charlton, M./Grässner, D./Schwärzel, W.: Konstruktion eines »Fragebogens zur direktiven Einstellung« von Lehrern (FDE). Zeitschrift für Entwicklungspsychologie und Pädagogische Psychologie, 1969, 1, 176—189.

Baumann, H. W.: Probleme einer Typologie des Lehrers. Methodenkritische Untersuchung von Lehrertypologien und Versuch einer Aufklärung über das „Typische des Lehrerseins". Dissertation, Göttingen 1959.

Baumrind, D./Black, A. F.: Socialisation practices associated with dimensions of competence in preschool boys and girls. Child Development, 1967, 38, 291—327.

Becker, W. C.: Consequences of different kinds of parental discipline. In: Hoffmann, M. L./Hoffmann, L. W. (Hrsg.): Review of child development research (Vol. I), New York 1967, 169—208 (Russel Sage Foundation).

— The relationship of factors in parental ratings of self and each other on the behavior of kindergarten children as rated by mothers, fathers and teachers. Journal of Consulting and Clinical Psychology, 1960, 24, 507—527.

Becker, W. C./Krug, R. S.: A circumflex model for social behavior in children, 1964, 35, 371—396.

Becker, W. C./Peterson, D. R./Luria, Z./Shoemaker, D. J./Hellmer, L. A.: Relations of factors derived from parent-interview ratings to behavior problems of five-year olds. Child Development, 1962, 33, 509—535.

Becker, W. C./Peterson, D. R./Hellmer, L. A./Shoemaker, D. J./Quay, H. C.: Factors in parental behavior and personality as related to problem behavior in children. Journal of Consulting and Clinical Psychology, 1959, 23, 107—118.

Beckmann, H.-K.: Unterrichten und Beurteilen als Beruf. In: Funk-Kolleg Erziehungswissenschaft. Weinheim 1970 (Beltz), Bd. 1, 215—236.

Beckwith, Leila: Relationships between attributes of mothers and their infants' I Q scores. Child Development, 1971, 42, 1003—1047.

Bell, H. M.: Adjustment inventory (student form). Stanford, Calif. 1934, (Stanford Univ. Press).

Bell, R. Q.: Structuring parent-child interaction situations for direct observation. Child Development, 1964, 35, 1009—1020.

— Direct study of child-parent interactions: workshop, 1959. American Journal of Psychiatry, 1960, 30, 445—467.

— Retrospective attitude studies of parent-child relations. Paper read at APA, Chicago. September 1956.

Bem, D. J.: Self-perception theory. Advances in experimental social Psychology, 1972, 6, 1—62.

Berdie, H. M./Layton, W. L.: Minnesota counseling Inventory Manual. New York 1957 (Psychol. Corp.).

Biddle, B. J.: The present status of role theory. Columbia 1961 (Univ. of Missouri).

Bierhoff-Alfermann, D./Höcke-Pörzgen, B.: Kindererziehung aus der Sicht von Eltern zweier antiautoritärer und evangelischer Kindergärten: Eine Erkundungsstudie. Zeitschrift für Entwicklungspsychologie und Pädagogische Psychologie, 1974, 6, 139—145.

Biermann, G.: Kindeszüchtigung und Kindesmißhandlung. München 1969 (Reinhardt).

Birth, K./Prillwitz, G.: Führungsstile und Gruppenverhalten von Kindern. Zeitschrift für Psychologie, 1959, 163, 230—301.

Bishop, B. M.: Mother-child interaction and the social behavior of children. Psychological Monographs, 1951, 65, 328.
Block, J.: Personality characteristics associated with father's attitudes toward child-rearing. Child Development, 1955, 26, 41—48.
Bochenski, J. M.: Die zeitgenössischen Denkmethoden. Bern 1954 (Francke).
Bottenberg, E. H./Gareis, B./Rausche, A.: Perzipierte elterliche Erziehungsstile bei männlichen Jugendlichen: Dimensionierung und Skalenkonstruktion. Psychologie und Praxis, 1973, 17, 105—125.
Bourdon, K. H./Silber, D. E.: Perceived parental behavior among stutterers and nonstutterers. Journal of Abnormal Psychology, 1970, 75, 93—97.
Bowermann, C. E./Elder, G. H.: Variations in adolescent perception of family power structure. American Sociological Review, 1964, 29, 551—567.
Brezinka, W.: Grundbegriffe der Erziehungswissenschaft. München 1974 (Reinhardt).
— Von der Pädagogik zur Erziehungswissenschaft. Weinheim 1972[2] (Beltz).
— Über Absicht und Erfolg der Erziehung. Konstanz 1969 (Universitätsverlag).
Brim, O. G.: Education for child rearing. New York 1959 (Russell Sage).
Brim, O. G./Glass, D. C./Lavin, D. E./Goodman, N.: Personality and decision processes. Stanford 1962 (Univ. Press).
Brody, G. F.: Relationship between maternal attitudes and behavior. Journal of Personality and Social Psychology, 1965, 2, 317—323.
Bronfenbrenner, U.: Experimental human ecology. Preliminary draft. Cornell University 1974.
— Toward a theoretical model for the analysis of parent-child relationship in a social context. In: Glidewell, John C. (Hrsg.): Parental attitudes and child behavior. Springfield 1961a (Thomas), 90—109.
— Some familial antecedents of responsibility and leadership in adolescents. In: Petrullo, L./Bass, B. M. (Hrsg.): Leadership and interpersonal behavior. New York 1961b (Holt), 239—271.
Bronson, W. C./Katten, E. S./Livson, N.: Patterns of authority and affection in two generations. Journal of Abnormal and Social Psychology, 1959, 58, 143—152.
Brown, A. W./Morrison, Jean/Couch, Gertrude B.: Influences of affectional family relationships on character development. Journal of Abnormal and Social Psychology, 1947, 42, 422—428.
Bunge, M.: Normative Wissenschaft ohne Normen — aber mit Werten. conceptus, Zeitschrift für Philosophie, 1973, 7, 57—64.
— Scientific research. I und II. Berlin 1967 (Springer).
Burger, G. K./Armentrout, J. A.: A factor analysis of fifth and sixth graders' reports of parental child-rearing behavior. Developmental Psychology, 1971, 4, 483.
Burger, G. K./Armentrout, J. A./Rapfogel, R. G.: Estimating factor scores for childrens' reports of parental childrearing behavior. Journal of Genetic Psychology, 1973, 123, 107—114.
Busse, T. V.: Child-rearing antecedents of flexible thinking. Developmental Psychology, 1969, 1, 585—591.
Caselmann, C.: Wesensformen des Lehrers. Stuttgart 1964[3] (Klett).
Caselmann, C.: Differentielle Psychologie des Lehrers und Erziehers. In: Strunz, K. (Hrsg.): Pädagogische Psychologie für höhere Schulen. München 1967[4] (Reinhardt), 453—464.
— Allgemeine Psychologie des Lehrers und Erziehers. In: Strunz, K. (Hrsg.): Pädagogische Psychologie für höhere Schulen. München 1967[4] (Reinhardt), 444—452.

Cattell, R. B.: The data box. In: Cattell, R. B. (Hrsg.): Handbook of multivariate experimental psychology. Chicago 1966 (Rand), 67—128.
— Personality: a systematic, theoretical, and factual study. New York 1950 (Mc Graw Hill).
Champney, H.: The variables of parent behavior. Journal of Abnormal and Social Psychology, 1941, 36, 525—542.
Chatterjee, B. B./Eriksen, C. W.: Cognitive factors in heart rate conditioning. Journal of Experimental Psychology, 1962, 64, 272—279.
Clarke-Stewart, K. A.: Interactions between mothers and their young children. Characteristics and consequences. Monographs of the Society for Research in Child Development, 1973, 38, Nos. 6—7.
Clauberg, Karl W./Dubislav, W.: Systematisches Wörterbuch der Philosophie. Leipzig 1923 (Meiner).
Cline, V. B. R./Needham, W. E.: A factor analytic study of the fatherform of the parental attitude research instrument. Psychological Records, 1963, 13, 65—72.
Cooper, J. B.: Two scales for parent evaluation. Journal of Genetic Psychology, 1966, 108, 49—52.
Cooper, J. B./Blair, M. A.: Parent evaluation as a determiner of ideology. Journal of Genetic Psychology, 1959, 94, 93—100.
Count-Van Manen, Gloria: The validity of parent-child socialization measures: a comparison of the use of assumed and real parent-child similarity with criterion variables. Genetic Psychological Monographs, 1973, 88, 201—228.
Cox, S. H.: Intrafamily comparison of loving-rejecting child-rearing practices. Child Development, 1970, 41, 437—448.
Crandall, V. J./Preston, A.: Patterns and levels of maternal behavior. Child Development, 1955, 26, 267—277.
Cullen, J. S.: Determinants of participation in parent education courses. Journal of Health and Human Behavior, 1966, 1, 302—308.
Davids, A./Hainsworth, P.-K.: Maternal attitudes about family life and child rearing as avowed by mothers and perceived by their underachieving and high achieving sons. Journal of Consulting Psychology, 1967, 29—37.
Davis, E. E./Viernstein, N.: Entwicklung einer Skala zur Messung der Einstellungen von Lehrern zu Kind und Unterricht. Zeitschrift für Entwicklungspsychologie und Pädagogische Psychologie, 1972, 4, 194—220.
Delhees, K. H.: The objective measurement of intrafamilial attitudes and sentiments. Archiv für Psychologie, 1973, 125, 134—152.
Dielman, T. E./Cattell, R. B./Lepper, C./Rhoades, P.: A check on the structure of parental reports of child-rearing practices. Child Development, 1971, 42, 893—903.
Dietrich, G.: Bildungswirkungen des Gruppenunterrichts. München 1969 (Ehrenwirth).
— Der Einfluß der Unterrichtsform auf Leistung und Leistungspersönlichkeit des Volksschulkindes. In: Scharmann, Th. (Hrsg.): Schule und Beruf als Sozialisationsfaktor. Stuttgart 1966 (Enke).
— Pädagogische Stilformen und Sozialpersönlichkeit des Kindes. Schule und Psychologie, 1964, 11, 333—345.
Doby, J. T.: Introduction to social psychology. New York 1966 (Meredith).
Döring, K. W.: Lehrerverhalten und Lehrerberuf. Weinheim 1972[3] (Beltz).
Dolch, J.: Grundbegriffe der pädagogischen Fachsprache. München 1965 (Ehrenwirt).
Droppleman, L. F./Schafer, E. S.: Boys' and girls' reports of maternal and paternal behavior. Journal of Abnormal and Social Psychology, 1963, 67, 648—654.

Duncan, P.: Parental attitudes and interaction patterns in delinquency. Child Development, 1971, 42, 1751—1765.

Duran, B. S./Odell, P. L. (Hrsg.): Cluster analysis. Berlin 1974.

Duvall, E. N.: Conceptions of parenthood. American Journal of Sociology, 1946, 52, 193—203.

Edelmann, W.: Erziehungsvorstellungen von Müttern und Ausdrucksverstehen von Kindern. Schule und Psychologie, 1969, 16, 102—110.

Edwards, W./Tversky, A.: Decision making. Harmondsworth 1967 (Penguin).

Eisler, R.: Wörterbuch der philosophischen Begriffe. Berlin 1930[4] (Mittler).

Elder, G. H.: Structural variations in the child rearing relationship. Sociometry, 1962, 25, 241—262.

Elder, R. A.: Traditional and developmental conceptions of fatherhood. Journal of Marriage and Family-Living, 1949, 11, 98—101.

Elias, G.: A measure of »homelessness«. Journal of Abnormal and Sociological Psychology, 1952, 47, 62—66.

Engfer, Anette/Schneewind, K. A./Filipp, U.-D.: Die Entwicklung eines Fragebogens zur Erhebung selbstperzipierter elterlicher Erziehungseinstellungen. Forschungsbericht 22 des Sonderforschungsbereiches 22 des sozialwissenschaftlichen Forschungszentrums der Universität Erlangen-Nürnberg. Nürnberg 1973.

Epstein, R./Komorita, S. S.: The development of a scala of parental punitiveness toward aggression. Child Development, 1965, 36, 129—142.

Eron, L. D./Banta, T. J.: Comparison of data obtained from mothers and fathers on childrearing practices and their relation to child aggression. Child Development, 1961, 32, 457—472.

Eyferth, K.: Methoden zur Erfassung von Erziehungsstilen. In: Herrmann, Th. (Hrsg.): Psychologie der Erziehungsstile. Göttingen 1966 (Hogrefe), 17—31.

Eyferth, K./Kreppner, K.: Entstehung, Konstanz und Wandel von Einstellungen. In: Graumann, C. F. (Hrsg.): Sozialpsychologie. 2. Halbband. Göttingen 1972 (Hogrefe), 1342—1370.

Eysenck, H. J.: Wege und Abwege der Psychologie. Hamburg 1962 (Rowohlt).

Fend, H.: Sozialisierung und Erziehung. Weinheim 1972[5] (Beltz).

Fenner, H. J./Tausch, R.: Entwicklung von Beurteilungsskalen für Sprachverhalten von Lehrern und ihre Validierung. Manuskript Hamburg 1969 (zit. n. Tausch, R./Tausch, A., 1971).

Filipp, U.-D.: Psychologische und soziologische Determinanten in Eltern-Kind-Beziehungen. Forschungsbericht 9 des Sonderforschungsbereiches 22 des sozialwissenschaftlichen Forschungszentrums der Universität Erlangen-Nürnberg, Nürnberg 1971.

Filipp, U.-D./Schneewind, K. A.: Die Rangfolge globaler elterlicher Erziehungsziele und deren Einflußgrößen. Forschungsbericht 21 des Sonderforschungsbereiches 22 der Universität Erlangen-Nürnberg. Nürnberg 1974.

Fink, E. H.: Erziehung zur Leistungsmotivation. Vortrag am 29. Kongreß der Deutschen Gesellschaft für Psychologie in Salzburg.

Fittkau, B.: Dimensionen des Lehrerverhaltens und ihre Bedeutung für die Auslösung von Angst und Sympathie bei Kindern. Zeitschrift für Entwicklungspsychologie und Pädagogische Psychologie, 1969, 1, 77—92.

Fittkau, B./Langer, H.: Integration der Typen des Erzieherverhaltens in die Faktoren des Lehrerverhaltens sowie einige Beziehungen zwischen Lehrer- und Schülerverhalten. Manuskript Hamburg 1969 (zit. n. Tausch, R./Tausch, A., 1971).

Franco, D.: The child's perception of the teacher as compared to his perception of the mother. Journal of Genetic Psychology, 1965, 107, 133—141.
Freedheim, D. K./Reichenberg-Hackett, W.: An experimental investigation of parent-child attitudes wtih the Pari-scales. Child Development, 1959, 30, 353—361.
Friedland, S. J.: The development of role concepts. Journal of Genetic Psychology, 1930, 122, 81—88.
Friedrichs, J.: Werte und soziales Handeln. Ein Betrag zur soziologischen Theorie. Tübingen 1968 (Mohr).
Frischeisen-Köhler, Max: Bildung und Weltanschauung. Charlottenburg 1921 (Mundus).
Führ, B.: Konstruktion eines Fragebogens zum Elternverhalten und Versuch einer Validierung. Unveröff. Diplomarbeit, Hamburg 1970.
Fuhrer, M. J./Baer, P. E.: Differential classical conditioning verbalization of stimulus contingencies. Science, 1965, 150, 1479—1481.
Gachowetz, H.: Individuelles Entscheidungsverhalten. Dissertation, Salzburg 1974.
Gallagher, J. J.: Authoritarianism and attitudes toward children. Journal of Social Psychology, 1957, 45, 107—110.
Garmzey, N./Clarke, A. R./Stockner, C.: Child rearing attitudes of mothers and fathers as reported by schizophrenic and normal patients. Journal of Abnormal and Social Psychology, 1961, 63, 176—182.
Geissler, E. E.: Erziehungsmittel. Bad Heilbrunn 1973 (Klinkhardt).
Gildea, M. C. L./Glidewell, J. C./Kantor, M. B.: Maternal attitudes and general adjustment in school. In: Glidewell, J. C. (Hrsg.): Parental attitudes and child behavior. Springfield, Ill. 1961 (Thomas), 42—89.
Glänzel, H.: Lehren als Beruf. — Eine Berufskunde für Lehrer aller Schulformen. Hannover 1967 (Schroedel).
Goldin, P. C.: A review of parent behaviors. Psychological Bulletin, 1969, 71, 222—236.
Graudenz, I.: Selbstwahrnehmung und Wahrnehmung mütterlichen Verhaltens 5- bis 6jähriger Volksschüler. Psychologie in Erziehung und Unterricht, 1974, 21, 203—211.
Graumann, C. F.: Interaktion und Kommunikation. In: Graumann, C. F. (Hrsg.): Handbuch der Psychologie. Bd. 7/2. Göttingen 1972 (Hogrefe), 1109—1242.
— Eigenschaften als Problem der Persönlichkeitsforschung. In: Lersch, Ph./Thomae, H. (Hrsg.): Handbuch der Psychologie. Bd. 4. Persönlichkeitsforschung und Persönlichkeitstheorie. Göttingen 1960 (Hogrefe), 87—154.
— ›Social Perception‹. Die Motivation der Wahrnehmung in neueren amerikanischen Untersuchungen. Zeitschrift für experimentelle und angewandte Psychologie, 1956, 3, 605—661.
Grimm, J./Grimm, W.: Deutsches Wörterbuch. Leipzig 1859 (1960) (Hirzel).
Grings, W. S./Lockhardt, R. A.: Effects of ›anxiety-lessening‹ instructions and differential set development on the extinction of GSR. Journal of Experimental Psychology, 1963, 66, 292—299.
Haase, H.: Ansichten Erwachsener zur Erziehung von Jugendlichen. Zeitschrift für Entwicklungspsychologie und Pädagogische Psychologie, 1973, 5, 182—199.
Hamilton, M. L.: Response to social reinforcement rates as a function of reinforcement history. Developmental Psychology, 1972, 6, 180.
Harrison, Randall: Beyond words. Englewood Cliff 1974 (Prentice Hall).
Hartley, E. L./Hartley, R. E.: Die Grundlagen der Sozialpsychologie. Berlin 1955 (Rembrandt).

Hatfield, J. S./Ferguson, L. R./Alpert, R.: Mother child interaction and the socialization process. Child Development, 1967, 38, 365—414.

Hayward, R. S.: The child's report of psychological factors in the family. Archives of Psychology, 1935, 189, 1—75.

Heckhausen, H.: Diskussionsbeitrag. In: Herrmann, Th. (Hrsg): Psychologie der Erziehungsstile. Göttingen 1966 (Hogrefe), 93.

Heilbrun, A. B.: Perceived maternal child rearing and effects of delayed reinforcement upon concept acquisition. Developmental Psychology, 1969, 1, 605—612.

— Perception of maternal child-rearing attitudes in schizophrenics. Journal of Consulting Psychology, 1960a, 24, 169—173.

— Perceptual distortion and schizophrenia. American Journal of Orthopsychiatry, 1960a, 30, 412—418.

Heinrich, H. Ch.: Verbale Attitüden und tatsächliches Verhalten. Zeitschrift für experimentelle und angewandte Psychologie, 1974a, 21, 62—79.

— Skalen zur Erfassung von Formen elterlicher Bekräftigung bei Mädchen. Zeitschrift für experimentelle und angewandte Psychologie, 1974b, 21, 226—244.

Heiss, J.: An introduction to the elements of role theory. In: Heiss, J. (Hrsg): Family roles and interaction. Chicago 1968 (Rand), 3—27.

Henz, H.: Lehrbuch der systematischen Pädagogik. Freiburg 1967[2] (Herder).

Herrmann, Th.: Persönlichkeitsmerkmale. Stuttgart 1973 (Kohlhammer).

— Lehrbuch der empirischen Persönlichkeitsforschung. Göttingen 1972 (Hogrefe).

— (Hrsg.): Psychologie der Erziehungsstile. Braunschweiger Symposium über Erziehungsstile. Göttingen 1966a (Hogrefe).

— Einleitung. In: Herrmann, Th. (Hrsg.): Psychologie der Erziehungsstile. Göttingen 1966b (Hogrefe), 11—15.

— Antwortdiskrepanz, Konfessionalität und Erziehungsstil. In: Merz, F. (Hrsg.): Bericht über den 25. Kongreß der Deutschen Gesellschaft für Psychologie, Münster 1966. Göttingen 1967 (Hogrefe), 608—614.

Herrmann, Th./Schwitajewski, E./Ahrens, H. J.: Untersuchungen zum elterlichen Erziehungsstil: Strenge und Unterstützung. Archiv für die gesamte Psychologie, 1968, 120, 74—105.

Herrmann, Th./Stapf, A./Krohne, H. W.: Die Marburger Skalen zur Erfassung des elterlichen Erziehungsstils. Diagnostica, 1971, 17, 118—131.

Herrmann, Th./Stapf, A.: Erziehungsstil und Reaktionseinstellung — eine Erkundungsstudie. Berichte aus dem Institut für Psychologie der Philipps-Universität Marburg, Nr. 19, Marburg 1968.

Hetzer, Hildegard: Kind und Jugendlicher in der Entwicklung. Hannover 1969[10] (Schroedel).

Hilgard, E./Bower, G. H.: Theorien des Lernens. I und II. Stuttgart 1970 (Klett).

Hoffmeister, J.: Wörterbuch der philosophischen Grundbegriffe. Hamburg 1955[2] (Meiner).

Hofstätter, P. R.: Einführung in die Sozialpsychologie. Stuttgart 1966 (Kröner).

— Gruppendynamik. Hamburg 1957 (Rowohlt).

Höger, D.: Einführung in die Pädagogische Psychologie. Stuttgart 1972 (Kohlhammer).

Holzkamp, K.: Soziale Kognition. In: Graumann, C. F. (Hrsg.): Sozialpsychologie. 2. Halbband. Göttingen 1972 (Hogrefe), 1263—1341.

— Zum Problem der Relevanz psychologischer Forschung. Psychologische Rundschau, 1970, 21, 1—22.

— Theorie und Experiment in der Psychologie. Berlin 1964 (de Gruyter).

Horn, J. L./Morrison, W. L.: Dimensions of teacher attitudes. Journal of Educational Psychology, 1965, 56, 118—125.

Hurlock, Elizabeth B.: Die Entwicklung des Kindes. Weinheim 1970 (Beltz).

Inkeles, Alex: Industrial man: the relation of status to experience, perception, and value. American Journal of Sociology, 1960, 66, 1—31.

Itkin, W.: Some relationships between intra-family attitudes and preparental attitudes toward children. Journal of Genetic Psychology, 1952, 80, 221—252.

Jarecki, H. G.: Die Einstellungen von Müttern zu Problemen der Kindererziehung. Schweizer Zeitschrift für Psychologie, 1961, 20, 111—135.

Jones, H. E./Bayley, N.: The Berkeley growth study. Child Development, 1941, 12, 167—173.

Joppich, G.: Zum Erziehungs- und Unterrichtsstil. Beitrag der Pädagogik. Zeitschrift für Pädagogik, 1966, Beiheft 6, 128—138.

Kärrby, G.: Child rearing and the development of moral structure. Stockholm 1971 (Almquist & Wiksell).

Kagan, J.: The child's perception of the parent. Journal of Abnormal and Social Psychology, 1956, 53, 257—258.

Kagan, J./Hosken, Barbara/Watson, Sara: Child's symbolic conceptualization of parents. Child Development, 1961, 32, 625—636.

Kagan, J./Lemkin, Judith: The child's differential perception of parental attributes. Journal of Abnormal and Social Psychology, 1960, 61, 440—447.

Kalveram, Th.: Über Faktorenanalyse. Kritik eines theoretischen Konzepts und seine mathematische Neuformulierung. Archiv für Psychologie, 1970, 122, 92—118.

Kanfer, F. H./Marston, A. R.: Conditioning of self-reinforcing responses: an analogue to self confidence training. Psychological Reports, 1963, 13, 63—70.

Kaufman, A./Baron, A./Kopp, R. E.: Some effects of instructions on human operant behavior. Psychonomic Monograph Supplements, 1966, 1, 243—250.

Kell, L./Aldous, J.: The relation between mother's childrearing ideologies and their children's perception of maternal control. Child Development, 1960, 31, 145—156.

Kerlinger, F. N.: The attitude structure of the individual: A Q-sort of professors and laymen. Genetic Psychology Monographs, 1956, 53, 283—328.

Kerschensteiner, G.: Die Ziele der Erziehung und das Problem der Lehrerbildung. München 1965 (Oldenbourg).

Kirsch, W.: Entscheidungsprozesse. I und II. Wiesbaden 1970/71 (Betriebswirtschaftlicher Verlag).

Klafki, W.: Normen und Ziele in der Erziehung. In: Funk-Kolleg Erziehungswissenschaft. Weinheim 1971 (Beltz), Bd. 2, 13—52.

Kluge, F.: Etymologisches Wörterbuch der deutschen Sprache. Straßburg 1915 (Truebner).

Knapp, L.: Nonverbal communication in human interaction. London 1972 (Holt).

Koch, H. L./Dentler, M./Dysart, B./Strett, Helen: A scale for measuring attitudes toward the question of children's freedom. Child Development, 1934, 5, 253—266.

Koch, J. J./Müller-Fohrbrodt, G./Cloetta, B.: Ein Verfahren zur Messung verbal- und erziehungsbezogener Attitüden: Der Konstanzer Fragebogen für Lehrer (KLE). Zeitschrift für Entwicklungspsychologie und Pädagogische Psychologie, 1971, 3, 136—151.

Kohn, M. L.: Class and conformity. A study in values. Homewood 1969. (Dorsey Press).
Krauth, J./Lienert, G. A.: Die Konfigurationsfrequenzanalyse (KFA). Freiburg 1973 (Alber).
Krech, D./Crutchfield, R. S./Ballachey, E. L.: Individual in society. New York 1962 (McGraw Hill).
Krieck, E.: Philosophie der Erziehung. Jena 1922 (Diederichs).
Krumm, V.: Eltern: Erziehungsverhalten. In: Speck, J./Wehle, G. (Hrsg.): Handbuch pädagogischer Grundbegriffe. München 1970 (Kösel), 306—324.
Laing, R. D.: Die Politik der Familie. Köln 1974 (Kiepenheuer & Witsch).
Laing, R. D./Phillipson, H./Lee A. R.: Interpersonelle Wahrnehmung. Frankfurt/M. 1973 (Suhrkamp).
Lambert, W. E./Yackley, A./Hein, R. N.: Child training values of English Canadian and French Canadian parents. Canadian Journal of Behavioral Science, 1971, 3, 217—236.
Langer, I./Rieckhoff, A./Steinbach, I./Tausch, A.-M.: Mutter-Kind-Interaktionen in außerhäuslichen Situationen. Psychologie in Erziehung und Unterricht, 1973, 20, 361—376.
Laws, G.: Parent-child relationships: a study of the attitudes and practices concerning social adjustment in childhood. Teachers College Contributions to Education, 1927, 283.
Lederer, W. J./Jackson, D. D.: Ehe als Lernprozeß. München 1974 (Pfeiffer).
Lewin, K./Lippitt, R./White, R. K.: Pattern of aggressive behavior in experimentally cerated »social climates«. Journal of Social Psychology, 1939, 10, 271—299.
Lewin, R./Lippitt, R.: An experimental approach to the study of autocracy and democracy: a preliminary note. Sociometry, 1938, 1, 292—300.
Liebhart, E. H./Liebhart, Gerda: Einstellung von Müttern zum Umgang mit Kindern und kindliche Verhaltensentwicklung. Erprobung eines Meßinstrumentes. Zeitschrift für experimentelle und angewandte Psychologie, 1971, 18, 255—284.
Lindgren, H. C./Patton, G. M.: Attitudes of high school and other teachers toward children and current educational methodology. California Journal of Educational Research, 1958, 9, 80—85.
Linke, W.: Grundformen erzieherischen Handelns. In: Bähr, H. W./Lovaris, N./Wenke, H. (Hrsg.): Erziehung zur Menschlichkeit. Festschrift für Eduard Spranger. Tübingen 1957 (Niemeyer), 291—305.
Lippitt, R:. An experimental study of the effect of democratic and authoritarian group atmospheres. University of Iowa Studies in Child Welfare, 1940, 16, 271—299.
— Field theory and experiment in social psychology: autocratic and democratic atmospheres. American Journal of Sociology, 1939, 45, 26—49.
Lippitt, R./White, R. K.: An experimental study of leadership and group life. In: Proshansky, H./Seidenberg, B. (Hrsg.): Basic studies in social psychology. London 1969 (Holt), 523—537.
Litt, Th.: Die Philosophie der Gegenwart und ihr Einfluß auf das Bildungsideal. Leipzig 1925.
Littmann, E.: Erlebter Erziehungsstil. Pers. Mitteilung 1973.
Littmann, E./Kasielke, Edith: Zur Diagnostik elterlichen Erziehungsverhaltens. Probleme und Ergebnisse der Psychologie 1970, Beiheft 2.
Livesley, W. J./Bromley, D. B.: Person perception in childhood and adolescence. London 1973 (Wiley).
Lorr, M./Jenkins, R. L.: Three factors in parent behavior. Journal of Consulting Psychology, 1953, 17, 306—308.

Lukesch, H.: Elternposition, Familienkonsens und Erziehungseinstellungen. Zeitschrift für erziehungswissenschaftliche Forschung, 1974 (im Druck).
— Fragebogen zur Erhebung elterlicher Erziehungseinstellungen. Experimentelle Form 1,2. Konstanz 1973.
Lukesch, H./Kleiter, G. D.: Die Anwendung der Faktorenanalyse. Darstellung und Kritik der Praxis einer Methode. Archiv für Psychologie, 1975 (im Druck).
Lukesch, H./Tischler, A.: Kreuzvalidierung der Marburger Skalen zur Erfassung des elterlichen Erziehungsstils. Psychologie und Praxis, 1975, 19, 19—30.
— Überprüfung und Revision des Fragebogens zur Diagnostik elterlicher Erziehungseinstellungen von E. Littmann und E. Kasielke. Probleme und Ergebnisse der Psychologie, 1975, 51 (im Druck).
Lutte, G./Mönks, F./Sarti, S.: Das Bild der Eltern und der Familienwerte im jugendlichen Idealerleben. Zeitschrift für Entwicklungspsychologie und Pädagogische Psychologie, 1969, 1, 18—31.
Lytton, H.: Observation studies of parent-child interaction: a methodological review. Child Development, 1971, 42, 651—689.
Mac Corquodale, K./Meehl, P. E.: On a distinction between hypothetical constructs and intervening variables. Psychological Review, 1948, 55, 95—107.
Mac Kinnon, D. W.: Violation of prohibitons. In: Murray, H. A. et al. (Hrsg.) Explorations in personality. New York 1938 (Oxford Univ. Press), 491—501.
Mark, J. C.: The attitudes of the mothers of male schizophrenics toward child behavior. Journal of Abnormal and Social Psychology, 1953, 48, 185—189.
Marschak, M.: A method for evaluating mother-child interaction under controlled conditions. Journal of Genetic Psychology, 1960, 97, 3—22.
Masendorf F./Tscherner, K.: Aspekte des Interaktions- und Unterrichtsstils von Lehrern aus der Sicht von Schülern. Zeitschrift für Entwicklungspsychologie und Pädagogische Psychologie, 1973, 5, 73—90.
McCandless, B. R.: Children behavior and development. New York 1967[2] (Holt).
McCord, J./McCord, W.: Cultural stereotypes and the validity of interviews for research in child development. Child Development, 1961, 32, 171-185.
Medinnus, G. R.: Q-sort descriptions of five-year-old children by their parents. Child Development, 1961, 32, 473—489.
Medinnus, G. R./Curtis, F. J.: The relation between maternal self-acceptance and child acceptance. Journal of Consulting Psychology, 1963, 27, 542—544.
Meissner, W. W.: Parental interaction of the adolescent boy. Journal of Genetic Psychology, 1965, 107, 225—233.
Meyer, E.: Der gruppenpädagogische Stil als Voraussetzung eines sozialorientierten Unterrichts. In: Meyer, E. (Hrsg.): Die Gruppe im Lehr- und Lernprozeß. Frankfurt/M. 1970 (Akad. Verlagsgesellschaft).
Miller, D. R./Swanson, G. E.: The changing American parent. New York 1958 (Wiley).
Miller, N. E.: Learnable drives and rewards. In: Stevens, S. S. (Hrsg.): Handbook of experimental psychology. New York 1951 (Wiley), 435—472.
Milton, G. A.: A factor analytic study of child-rearing behavior. Child Development, 1958, 29, 381—392.
Minsel, B.: Empirische Sicherung der Veränderung von Erziehungseinstellungen und Erziehungsverhaltensweisen durch ein Trainingsprogramm. Vortrag am 29. Kongreß der Deutschen Gesellschaft für Psychologie in Salzburg 1974.

Minsel, B./Fittkau, B.: Konstruktion eines Fragebogens zum Elternverhalten und Versuch einer Validierung. Zeitschrift für Entwicklungspsychologie und Pädagogische Psychologie, 1971, 3, 73—88.

Minton, C./Kagan, J./Levine, Janet A.: Maternal control and obedience in the two-year-old. Child Development, 1971, 42, 1873—1894.

Minturn, L./Lambert, W. W./Fischer, J./Fischer, A./Rommey, K./Rommey, R./Nydegger, W./Nydegger, C./Maretzki, T./Maretzki, H./Levine, R./Levine, B.: Mothers of six cultures: antecedens of child rearing. New York, 1964 (Wiley).

Mitchell, C.: Do scales for measuring attitudes have any significance? Journal of Educational Research, 1941, 34, 444—452.

Mitzka, W.: Trübners Deutsches Wörterbuch. Berlin 1955 (de Gruyter) Band 6.

Mollenhauer, K.: Sozialisation und Schulerfolg. In: Roth, H. (Hrsg.): Begabung und Lernen. Stuttgart 1968 (Klett), 269—296.

Morscher, E.: Das Basis-Problem in der Theologie. In: Weinzierl, E. (Hrsg): Der Modernismus. Beiträge zu seiner Erforschung. Graz 1973 (Styria) 331—368.

Morscher, E./Zecha, G.: Wozu deontische Logik. Archiv für Rechts- und Sozialphilosophie, 1972, 58, 363—378.

Mosher, D. L./Scodel, A.: A study of the relationship between ethnocentrism in children and the ethnocentrism and authoritarian rearing practices of their mothers. Child Development, 1960, 31, 369—376.

Moss, H. A.: Methodological issues in studying mother-infant interaction. American Journal of Orthopsychiatry, 1965, 35, 482—486.

Mueller-Fohrbrodt, Gisela: Persönlichkeitsmerkmale von Lehrerstudenten und jungen Lehrern. Dissertation, Konstanz 1972.

Mulaik, S. A.: The foundations of factor analysis. New York 1972 (McGraw Hill).

Mundt, J. W./Schmidt, M.: Die Selbsteinschätzung von Elternverhalten durch einen Fragebogen. Eine Voruntersuchung. Unveröff. Vordiplomarbeit, Konstanz 1973.

Myers, T. R.: Intrafamily relationships and pupil adjustment. Contrib. Education, No. 651, 1935 (New York, Theach.Coll., Columbia Univ.).

Nakamura, C. Y./Rogers, Mary M.: Parents' expectation of autonomous behavior and children's autonomy. Developmental Psychology, 1969, 1, 613—617.

Neubauer, W. F.: Implizite Führungstheorie und Lehrerverhalten. Psychologie in Erziehung und Unterricht, 1974, 21, 233—245.

Neubauer, W.: Selbsteinschätzung und Idealeinschätzung junger Arbeiter als Gegenstand sozialpsychologischer Verhaltensforschung. Dissertation, Erlangen-Nürnberg 1967.

Nichols, R. C.: A factor analysis of parental attitudes of fathers. Child Development, 1962, 33, 791—802.

Nickel, H.: Erziehungsstile und Probleme der sozialen Interaktion von Lehrern und Schülern. In: Ulshöfer, R./Rebel, K. (Hrsg.): Gymnasium und Sozialwissenschaften. Heidelberg 1968 (Quelle & Meyer), 24—50.

Nickel, H./Fenner, H.-J.: Direkte und indirekte Lenkung im Unterricht in Abhängigkeit von fachspezifischen und methodisch-didaktischen Variablen sowie Alter und Geschlecht des Lehrers. Zeitschrift für Entwicklungspsychologie und Pädagogische Psychologie, 1974, 6, 178—191.

Opp, K.-D.: Methodologie der Sozialwissenschaften. Reinbeck 1970 (Rowohlt).

Osofsky, J. D.: Children's influences upon parental behavior: An attemt to define the relationship with the use of laboratory tasks. Genetic Psychology Monographs, 1971, 83, 147—169.

Osofsky, J. D./O'Connell, E. J.: Parent-child interaction: daughters' effects upon mothers' and fathers' behavior. Developmental Psychology, 1972, 7, 157—168.

Page, R. H./McGinnies, E.: Comparison of two styles of leadership in small group discussions. Journal of Applied Psychology, 1959, 43, 240—245.

Paul, H./Betz, W.: Deutsches Wörterbuch. Tübingen 1966[5] (Niemeyer).

Paulson, M. J./Lin, T. T./Hanssen, C.: Family harmony: an etiologic factor in alienation. Child Development, 1972, 43, 591—603.

Pawlik, K.: Dimensionen des Verhaltens. Bern 1968 (Huber).

Pease, D./Hawkes, G. R.: Observation and parent-child interaction. American Journal of Orthopsychiatry, 1960, 30, 453—459.

Pemberton, D. A./Benady, D. R.: Consciously rejected children. British Journal of Psychiatry, 1973, 123, 575—578.

Perrez, M./Minsel, B./Wimmer, H.: Elternverhaltenstraining. Salzburg 1974 (Otto Müller).

Peterson, D. R./Becker, W. C./Hellmer, L. A./Shoemaker, D. I./Quay, H. C.: Parental attitudes and child adjustment. Child Development, 1959, 30, 119—130.

Platt, H./Jurgensen, G./Chorost, Sh. B.: Comparison of child rearing of mothers and fathers of emotionally disturbed adolescents. Child Development, 1962, 33, 117—122.

Plutchik, R./Kronovet, E.: Studies of parent-child relation: A critique. Journal of Genetic Psychology, 1959, 95, 171—176.

Popp, M.: Merkmale und Zusammenhänge von Erziehungsverhalten und Gesamtverhalten von Lehrerstudenten in der Selbsteinschätzung. Psychologie in Erziehung und Unterricht, 1974a, 21, 281—285.

Popp, M.: Analyse elterlichen Erziehungsverhaltens. Psychologie in Erziehung und Unterricht, 1974b, 21, 246—248.

Popper, K. R.: Logik der Forschung. Tübingen 1971 (Mohr).

Pulver, U.: Erziehungsauffassungen bei Schweizer Müttern. Schweizer Zeitschrift für Psychologie und ihre Anwendungen, 1962, 21, 97—112.

Pumroy, D. K.: Maryland Parent Attitude Survey: A research instrument with social desireability controlled. Journal of Psychology, 1966, 64, 73—78.

Quitman, H./Tausch, A.-M./Tausch, R.: Selbstkommunikation von Jugendlichen und ihren Eltern, Zusammenhang mit Psychoneurotizismus und elterlichem Erziehungsverhalten. Zeitschrift für Klinische Psychologie, 1974, 3, 193—204.

Rahm, D.: Untersuchung über den Zusammenhang von repressiver Erziehungseinstellung und Kreativität. Psychologie in Erziehung und Unterricht, 1974, 21, 259—269.

Remplein, H.: Die seelische Entwicklung des Menschen im Kindes- und Jugendalter. München 1966[14] (Reinhardt).

Renson, G. J./Schaefer, E. S./Levy, B. I.: Cross-national validity of a spherical conceptual model for parent behavior. Child Development, 1968, 39, 1229—1235.

Roberts, M. R./Cooper, L. M.: Patterns of parental discipline. Journal of Social Psychology, 1967, 71, 257—266.

Roe, A.: Early determinants of vocational choice. Journal of Counseling Psychology, 1957, 4, 212—217.

Roe, A./Siegelman, M.: A parent-child relations questionaire. Child Development, 1963, 34, 355—369.

Roff, M. A.: A factorial study of the Fels Parent Behavior Scales. Child Development, 1949, 20, 29—45.

Rogers, C. R.: Test of personality adjustment. New York 1931.

Rokeach, Milton/Parker, Seymour: Values as social indicators of poverty

and race relations in America. The Annals of the American Academy, 1970, 388, 97—111.
Rosen, B. C.: Social class and the childs perception of the parent. Child Development, 1964, 35, 1147—1153.
Rosenberg, M. L./Hovland, C. I.: Cognitive, affective, and behavioral components of attitudes. In: Hovland, C. I./Rosenberg, M. J. (Hrsg.): Attitude organization and change. New Haven (Yale Univ. Pres) 1960, 1—14.
Rosenthal, R.: Experimenter effects in behavioral research. New York 1966 (Appleton-Century-Crofts).
Roth, E.: Persönlichkeitspsychologie. Stuttgart 1969 (Kohlhammer).
— Einstellungen als Determination individuellen Verhaltens. Göttingen 1967 (Hogrefe).
Rothacker, E.: Probleme der Kulturanthropologie. Bonn 1948 (Bouvier).
Ruppert, J. P.: Zum Erziehungs- und Unterrichtsstil. Beitrag der Psychologie. Zeitschrift für Pädagogik, 1966, Beiheft 6, 105—118.
— Erzieherpersönlichkeit und Stilformen der Erziehung. In: Hetzer, H. (Hrsg.): Pädagogische Psychologie. Handbuch der Psychologie, Bd. 10. Göttingen 1959 (Hogrefe), 144—169.
Ryans, D.: Some relationships between pupil behavior and certain teacher characteristics. Journal of Educational Psychology, 1961a, 52, 82—90.
— Inventory estimated teacher characteristics as covariants of observer assessed pupil behavior. Journal of Educational Psychology, 1961b, 52, 91—97.
Sander, F.: Lexikon der Pädagogik. Breslau 1889 (Hirt).
Sandler, J./Quagliano, J.: Punishment in a signal avoidance situation. Paper read at Southeastern Psychological Association Meeting, Gatlinburg/Tenn. 1964.
Sanford, R. N./Adkins, Margaret/Miller, R. B./Cobb, Elizabeth: Physique, personality, and scholarship. Monographs of the Society for Research in Child Development, 1943, 8, 1—12.
Schaefer, E. S.: Children's reports of parental behavior: An inventory. Child Development, 1965a, 413—424.
— A configurational analysis of children's reports of parent behavior. Journal of Consulting Psychology, 1965b, 29, 552—557.
— Converging conceptual models for maternal behavior and for child behavior. In: Glidewell, J. C. (Hrsg.): Parental attitudes and child behavior. Springfield, Ill. 1961 (Thomas), 129—146.
— A circumplex model for maternal behavior. Journal of Abnormal and Social Psychology, 1959, 59, 241—246.
Schaefer, E. S./Bell, R. Q.: Development of a Parental Attitude Research Instrument. Child Development, 1958a, 29, 339—361.
— An adaption of the Parental Attitude Research Instrument for fathers. Unpublished manuscript. National Institute of Mental Health 1958b.
— Pattern of attitudes toward child rearing and the family. Journal of Abnormal and Social Psychology, 1957, 54, 391—395.
Schaefer, E. S./Bell, R. Q./Bayley, N.: Development of a maternal behavior research instrument. Journal of Genetic Psychology, 1959, 95, 83—104.
Schenk, M./Ungelenk, B.: Entwicklung und Erprobung eines empirischen Ansatzes zur Erfassung des Erzieherverhaltens in verschiedenen vorschulischen Erziehungseinrichtungen. Psychologie in Erziehung und Unterricht, 1974, 21, 44—48.
Schludermann, Shirin/Schludermann, E.: Response set analysis of mother's form of Parental Attitude Research Instrument (PARI). Journal of Psychology, 1974, 86, 327—330.
— Adolescent perception of parent behavior (CRPBI) in Hutterite community society. Journal of Psychology, 1971a, 79, 29—39.

— Paternal attitude in Hutterite community society. Journal of Psychology, 1971b, 79, 41—48.
Schmidt, K. A.: Geschichte der Erziehung. Stuttgart 1892 (Cotta'sche Buchhandlung). Neudruck: Aalen 1970 (Scientia), Bd. 3, 1.
Schneewind, K. A.: Auswirkungen von Erziehungsstilen. Übersicht über den Stand der Forschung. Vortrag am 29. Kongreß der DGfP in Salzburg 1974a.
— Psychologische und sozio-ökologische Determinanten von Eltern-Kind-Beziehungen. Antrag an die DFG auf Gewährung einer Sachbeihilfe. Trier 1974b.
— Systematische Retrospektion als Datenquelle zur Erfassung des Erziehungsverhaltens. In: Herrmann, Th. (Hrsg.): Psychologie der Erziehungsstile. Göttingen 1966 (Hogrefe), 44—49.
Schneewind, K. A./Engfer, A./Filipp, U.-D./Hoffmann, A.: Entwicklung eines Fragebogens zur Erfassung perzipierter mütterlicher Erziehungseinstellungen. Forschungsbericht 53 des Sonderforschungsbereiches 22 an der Universität Erlangen-Nürnberg. Nürnberg 1974a.
Schneewind, K. A./Engfer, A./Filipp, U.-D.: Zur Struktur selbstperzipierter elterlicher Erziehungseinstellungen. Arbeitsbericht 8 des Teilprojektes E1. Forschungsbericht 59 des Sonderforschungsbereiches 22 der Universität Erlangen-Nürnberg. Nürnberg 1974b.
Schneider, F.: Einführung in die Erziehungswissenschaft. Graz 1953[3] (Styria).
Schneider, W.: Stil, Stilistik. In: Lexikon der Pädagogik. Bd. IV. Freiburg 1965 (Herder), 477—478.
Schraml, W. J.: Einführung in die moderne Entwicklungspsychologie. Stuttgart 1972 (Klett).
Schramm, W.: The process and effects of man communication. Urbana 1954 (Univ. of. Illionois Press).
Schulman, R. E./Shoemaker, D. J./Moelis, J.: Laboratory measurement of parental behavior. Journal of Consulting Psychology, 1962, 26, 109—114.
Sears, R. R./Maccoby, E. E./Levin, H.: Patterns of child rearing. New York 1957 (Harper).
Seitz, W./Jankowski, P.: Zusammenhänge zwischen elterlichem Erziehungsstil und Persönlichkeitszügen der Kinder. Zeitschrift für erziehungswissenschaftliche Forschung, 1969a, 3, 88—116.
— Zusammenhänge zwischen elterlichem Erziehungsstil und Persönlichkeitszügen der Kinder. Zeitschrift für erziehungswissenschaftliche Forschung, 1969b, 3, 165—179.
Seitz, W./Wehner, E. G./Henke, M.: Ähnlichkeit des Erziehungsstils zwischen Müttern und Vätern 7- bis 8jähriger Jungen. Zeitschrift für Entwicklungspsychologie und Pädagogische Psychologie, 1970a, 2, 1—14.
— Zusammenhänge zwischen elterlichem Erziehungsstil und Persönlichkeitszügen 7- bis 8jähriger Jungen. Zeitschrift für Entwicklungspsychologie und Pädagogische Psychologie, 1970b, 2, 165—180.
Serot, M. N./Teevan, R. C.: Perception of the parent-child relationship and its relation to child adjustment. Child Development, 1961, 32, 373—378.
Sewell, W. H./Mussen, P. H./Harris, F. W.: Relationship among child training practices. American Sociological Review, 1955, 20, 137—148.
Sewell, W. H./Shan, V. P.: Social class, parental encouragement, and educational aspirations. American Journal of Sociology, 1968, 73, 559—573.
Shapiro, M. B.: Some correlates of opinions on the upbringing of children. British Journal of Psychology, 1952, 43, 141—149.
Shoben, E. J.: The assessment of parental attitudes in relation to child adjustment. Genetic Psychology Monographs, 1949, 39, 101—148.

Siegelman, M.: Loving and punishing parental behavior and introversion tendencies in sons. Child Development, 1966, 37, 985—992.
— Evaluation of Bronfenbrenner's questionaire for children concerning parental behavior. Child Development, 1965, 36, 163—174.
Sigel, I. E.: The need for conceptualization in research on child development. Child Development, 1956, 27, 241—252.
Skinner, B. F.: Science and human behavior. New York 1953 (MacMillan).
Slater, P. E.: Parental behavior and the personality of the child. Journal of Genetic Psychology, 1962, 101, 53—68.
Spranger, E.: Der geborene Erzieher. Heidelberg 1958 (1965[4]) (Quelle L. Meyer).
— Grundstile der Erziehung. In: Spranger, E.: Pädagogische Perspektiven. Heidelberg (1950) 1969[8] (Quelle und Meyer), 93—121.
— Lebensformen. Geisteswissenschaftliche Psychologie und Ethik der Persönlichkeit. Halle 1921 (Niemeyer).
Stagner, R./Drought, N.: Measuring children's attitudes toward their parents. Journal of Educational Psychology, 1935, 26, 169—176.
Stapf, A.: Elterliche Erziehung in Befragung und Experiment. Überprüfung eines zweidimensionalen Konzepts der elterlichen Bekräftigung. Diss., Marburg 1973.
Stapf, K. H./Herrmann, Th./Stapf, A./Staecker, K. H.: Psychologie des elterlichen Erziehungsstils. Stuttgart 1972 (Klett).
Staples, R./Smith, J. W.: Attitudes of grandmothers and mothers toward child rearing practices. Child Development, 1954, 25, 91—97.
Stegmüller, W.: Wissenschaftliche Erklärung und Begründung. Berlin 1969 (Springer).
Stern, G. G./Caldwell, B. M./Hersher, L./Lipton, E. L./Richmond, J. B.: A factor analytic study of the mother-infant dyad. Child Development, 1969, 40, 163—181.
Stockhammer, Morris: Philosophisches Wörterbuch. Köln 1967 (Kölner Univ. Verlag).
Stogdill, R.: Attitudes of parents, students, and mental hygienists toward children's behavior. Journal of Social Psychology, 1933, 4, 486—489.
Stolz, L. M.: Influences on parent behavior. Stanford, Calif. 1967 (Stanford Univ. Press).
Stone, L. J./Hokanson, J. E.: Arousal reduction via self-punitive behavior. Journal of Personality and Social Psychology, 1969, 12, 72—79.
Stott, L. H.: Child Development. New York 1967 (Holt).
— Parent — adolescent ajustment: its measurement and significance. Character and Personality, 1941, 10, 140—150.
Stott, L. H./Berson, M. P.: Some changes in attitudes resulting from a preparental education program. Journal of Social Psychology, 1951, 34, 191—202.
Strang, Ruth: An introduction to child study. New York 1967[4] (MacMillan).
Strunz, K.: Ein abschließendes Wort über den idealen Pädagogen. In: Strunz, K. (Hrsg.): Pädagogische Psychologie für höhere Schulen. München 1967[4] (Reinhardt), 479—489.
— Das Problem der Persönlichkeitstypen. In: Lersch, Ph./Thomae, H. (Hrsg.): Handbuch der Psychologie, Bd. 4. Göttingen 1960 (Hogrefe), 155—221.
Sturzebecher, K./Herrmann, Th.: Lehrerdependenz und elterlicher Erziehungsstil. Eine Untersuchung zum »moralischen Dilemma«. Zeitschrift für Entwicklungspsychologie und Pädagogische Psychologie, 1974, 6, 168—177.

Swanson, G. E.: The development of an instrument for rating child-parent relationship. Social Forces, 1950, 24, 84—90.
Tallman, J.: Adaptability: a problem solving approach to assessing childrearing practices. Child Development, 1961, 32, 651—668.
Tasch, R. J.: Interpersonal perceptions of fathers and mothers. Journal of Genetic Psychology, 1955, 87, 59—65.
Tasch, R. J.: The role of the father in the family. Journal of Experimental Education, 1952, 20, 319—361.
Tausch-Habeck, A.: Der Erwachsene im Erlebnis des Kindes. Zeitschrift für experimentelle und angewandte Psychologie, 1956, 3, 472—498.
Tausch, A./Barthel, A./Fittkau, B./Hübsch, H.: Variablen und Zusammenhänge der sozialen Interaktion in Kindergärten. Psychologische Rundschau, 1968, 19, 267—279.
Tausch, A./Tausch, R./Fittkau, B.: Merkmalszusammenhänge der verbalen Interaktion und kritische Überprüfung typologischer Verhaltenskonzepte. Zeitschrift für experimentelle und angewandte Psychologie, 1967, 14, 522—541.
Tausch, R.: Variablen und psychologische Zusammenhänge der sozialen Interaktion zwischen Erwachsenen und Jugendlichen. In: Herrmann, Th. (Hrsg.): Psychologie der Erziehungsstile. Göttingen 1966 (Hogrefe), 188—204.
Tausch, R./Tausch, A.: Erziehungspsychologie. Göttingen 1971[6] (Hogrefe).
Tausch, R./Bommert, H./Fittkau, B./Nickel, H.: Einschätzungsskala für das Ausmaß »Wertschätzung/Geringschätzung« im Verhalten von Lehrern-Erziehern gegenüber Schülern-Jugendlichen. Zeitschrift für Entwicklungspsychologie und Pädagogische Psychologie, 1969, 1, 119—128.
Tausch, R./Tausch, A./Fenner, H.-J.: Zur intraindividuellen Konstanz einiger Sprachmerkmale des sozialen Verhaltens von Lehrern an Gymnasien. Zeitschrift für experimentelle und angewandte Psychologie, 1969, 16, 184—193.
Teegen, F./Fittkau, B.: Erziehung der Erzieher. Erfahrungen aus einem hochschuldidaktischen Experiment. Zeitschrift für Entwicklungspsychologie und Pädagogische Psychologie, 1972, 4, 43—50.
Thomae, H.: Das Problem der Konstanz und Variabilität der Eigenschaften. In: Lersch, Ph./Thomae, H. (Hrsg.): Persönlichkeitsforschung und Persönlichkeitstheorie (Handbuch der Psychologie, Bd. 4). Göttingen 1960 (Hogrefe), 281—356.
Thorpe, L. P./Clark, W. W./Tiegs, E. W.: California test of personality. Los Angeles 1939 (Calif. Test Bureau).
Tiedtke, R.: Mütterliche Erziehungsziele für 8- bis 10jährige Jungen in Abhängigkeit von sozialem Status und Merkmalen der Familienstruktur. Unveröff. Diplomarbeit, Erlangen-Nürnberg 1970.
Tittle, C. R./Hill, R. J.: Attitude measurement and prediction of behavior: an evaluation of conditions and measurement techniques. Sociometry, 1967, 30, 119—213.
Tolor, A.: An evaluation of the Maryland Parent Attitude Survey. Journal of Psychology 1967, 67, 69—74.
Triandis, H. C.: Attitude and attitude change. New York 1971 (Wiley).
Tulkin, S. R./Cohler, B. J.: Childrearing attitudes and mother-child interaction in the first year of life. Merill-Palmer Quarterly, 1973, 19, 95—106.
Tulkin, S. R./Kagan, J.: Mother-child interaction in the first year of life. Child Development, 1972, 43, 31—41.
Überla, K.: Faktorenanalyse. Berlin 1968 (Springer).
Viernstein, N.: Entwicklung eines Meßinstruments zur Messung punitiver Einstellungen. Zeitschrift für Entwicklungspsychologie und Pädagogische Psychologie, 1972, 4, 235—248.

Vowinkel, E.: Pädagogische Typenlehre. München 1923 (Kösel).
Vorweg, M.: Methodische Grundlagen des Verhaltenstrainings. In: Vorweg, M. (Hrsg.): Sozialpsychologisches Training. Jena 1971 (Friedrich-Schiller-Universität), 7—36.
Walde, A./Hoffmann, J. B.: Lateinisches etymologisches Wörterbuch. Bd. 2. Heidelberg 1954 (Karl Winter).
Walker, R. N.: A scale for parents' ratings: some ipsative and normative correlations. Genetic Psychology Monographs, 1968, 77, 95—133.
Waller, M.: Die Stereotypität vs. Personorientiertheit der Verhaltenserwartungen von Kindern in Abhängigkeit von deren Alter und der untersuchten Verhaltensdimension. Zeitschrift für Entwicklungspsychologie und Pädagogische Psychologie, 1973, 5, 1–15.
— Die Entwicklung der Rollenwahrnehmung: ihre Beziehung zur allgemeinen kognitiven Entwicklung und sozial strukturellen Variablen. Zeitschrift für Sozialpsychologie, 1971, 2, 343—357.
— Die Diskrimination der Rollen »älteres« vs. »jüngeres Kind« durch Vorschulkinder. Zeitschrift für Entwicklungspsychologie und Pädagogische Psychologie, 1969, 1, 249—260.
Walz, Ursula: Soziale Reifung in der Schule. Hannover 1964[2] (Schroedel).
Watzlawik, P./Beavin, J. H./Jackson, D. D.: Menschliche Kommunikation. Bern 1972 (Huber).
Weber, E.: Erziehungs- und Unterrichtsstile. In: Kanz, H. (Hrsg.): Einführung in das erziehungswissenschaftliche Grundstudium. Stuttgart 1973 (Kohlhammer), 120—138.
— Erziehungsstile. Donauwörth 1970a (Auer).
— Erziehungs- und Unterrichtsstile. In: Zöpfl, H./Mühlbauer, R./Tschamler, H.: Kleines Lexikon der Pädagogik und Didaktik. Donauwörth 1970b (Auer), 61—65.
Weber, M.: Methodologische Schriften. Frankfurt/M. 1968 (Fischer).
— Soziologische Grundbegriffe. Tübingen 1966 (Mohr).
Weinberger, Christa: Das wissenschaftliche Gesetz und die definitorischen Festsetzungen der wissenschaftlichen Sprache. Conceptus, Zeitschrift für Philosophie, 1973, 7, 45—51.
Weinert, F.: Erziehungsstile in ihrer Abhängigkeit von der individuellen Eigenart des Erziehers. In: Herrmann, Th. (Hrsg.): Psychologie der Erziehungsstile. Göttingen 1966 (Hogrefe), 95—109.
Weingartner, P.: Wissenschaftstheorie I. Einführung in die Hauptprobleme. Stuttgart 1971 (Frommann).
Whiting, Beatrice B.: Folk wisdom and child rearing. Merrill-Palmer-Quarterly, 1974, 20, 9—20.
Williams, W. C.: The PALS tests: a technique for children to evaluate both parents. Journal of Consulting Psychology, 1968, 22, 487—495.
Winkelmann, W.: Verstärkung, Löschung und andere Erziehungsverhaltensweisen: Eine Befragung zu einem hypothetischen Erziehungsproblem. Zeitschrift für Entwicklungspsychologie und Pädagogische Psychologie, 1970, 2, 181—196.
Wolfenberger, W./Kurtz, R. A.: Measurement of parents' perceptions of their children' development. Genetic Psychology Monographs, 1971, 83, 53—92.
Wollasch, H.: Zur Typologie des Erziehers. In: Brezinka, W. (Hrsg.): Erziehung als Beruf. Wien 1955 (Österr. Bundesverlag), 94—140.
Yarrow, L. J./Goodwin, M. S.: Some conceptual issues in the study of mother-infant-interaction. American Journal of Orthopsychiatry, 1965, 35, 473—481.
Yarrow, M. R.: Problems of methods in parent-child research. Child Development, 1963, 34, 215—226.

Yarrow, M. R./Campbell, J. D.: Person perception in children. Merrill-Palmer-Quarterly, 1963, 9, 57—72.

Yarrow, M. R./Waxler, Carolyn, Z./Scott, Phyllis M.: Childs effects on adult behavior. Developmental Psychology, 1971, 5, 300—311.

Zifreund, W.: Zur Problematik von Lehrertypologien und typisierenden pädagogischen Stilformen. Zeitschrift für Pädagogik, 1967, 13, 116—134.

Zuckermann, M./Ribback, B. B./Monashkin, I.: Normative data and factor analysis of the PARI. Journal of Consulting Psychology, 1958, 22, 165—171.

Zunich, M.: Relationship between maternal behavior and attitudes toward children. Journal of Genetic Psychology, 1962a, 100, 155—165.

— The relation between junior high-school student' problems and parental attitudes toward child rearing and family life. Journal of Educational Research, 1962b, 56, 134—138.

— A study of relationships between child rearing attitudes and maternal behavior. Journal of Experimental Education, 1961, 30, 231—241.

Personenregister

Sachregister